Anja Brinkmann

Alles, was Fräulein so braucht

25 feine Nähprojekte

Inhaltsverzeichnis

Fräulein zu Haus

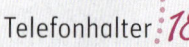

Fräulein verpackt

Brillenetui *25*

MP3-Player-Tasche *28*

Stiftemäppchen *31*

Dokumententasche *34*

Passhülle *37*

Handytasche *40*

Digitalkameratasche *43*

Buchhülle *47*

Fräulein geht aus

Vorwort

Das Handarbeiten hat in unserer Familie Tradition. Mein Opa fertigte zauberhafte Miniwelten in Schaukästen an. Meine Uroma und Oma haben viel genäht, meine Mama und Tante gestrickt, gehäkelt und genäht. Dank ihrer Schaffensfreude und Begeisterung fürs Selbermachen (besonders Mamas Nähkünste auf unserer alten Singer mit Fußantrieb) bekam ich nicht nur zahlreiche individuelle Sachen, sondern habe auch, so lange ich mich erinnern kann, gemalt und gebastelt. Wegen der in meinem damaligen Heimatort ansässigen Handschuhfabrik und den guten Verbindungen meiner Mama dorthin waren bei uns immer reichlich Leder- und Filzreste im Haus, die mit Kleber, Nadel und Faden zu Lesezeichen oder Fingerpüppchen verwandelt wurden. Beide Materialien liebte ich, da sie sich, einmal zugeschnitten, sofort verarbeiten ließen. Das Praktische, Unkonventionelle liegt mir im Blut. Ich mochte es noch nie, mich zu lange an Projekten aufzuhalten, da verliere ich schnell die Lust. Auch heute müssen die Sachen, die ich mache, überschaubar in Material- und Zeitaufwand sein.

Als ich klein war, nähte ich meinen Puppen Kleider. Später gewann das Malen die Oberhand und das Nähen geriet lange in Vergessenheit, bis mir, irgendwann nach dem Grafikdesign-Studium, Filz zwischen die Finger kam. Ich war sofort verzückt und wie es der Zufall wollte, brauchte mein neues Handy eine wärmende und schützende Verpackung, die ich ihm kurzerhand »auf den Leib schneiderte«. Damit entdeckte ich das Nähen neu und seither steht meine Nähmaschine nicht mehr still.

Mein Nähstübchen

Einleitung

Wie man auf der Abbildung sehen kann, war auch Fräulein Maki nicht von Anfang an mit dem »goldenen Nädelchen« gesegnet ...

Nähen ist kein angestaubtes Hobby mehr. Mittlerweile wird der »Nähmaschinerie« von immer mehr Mädels mit Schaffensdrang und Hang zu schnuckeligen Kleinigkeiten gefrönt, die ihre Umwelt verschönern wollen und mit ihren Schätzchen ein bisschen Freude schenken möchten.

In diesem Sinne wünsche ich vergnügliche & kreative Stunden mit »Allem, was Fräulein so braucht«.

Mein erstes Reißverschlusstäschlein, oder besser, der Versuch dessen, ist ein verzogenes Stück Wachstuch, weil ich noch nichts von Teflonnähfüßchen wusste. Den Reißverschluss musste ich am Ende mit der Hand einnähen, weil bei der Taschenkonstruktion nichts anderes mehr möglich war. Dieses Täschlein ist weit entfernt von dem, was ich jetzt nähe, aber ich war trotz Frustration auch sehr stolz auf MEIN Täschlein. Ich habe es aufgehoben und muss immer wieder schmunzeln, wenn ich es sehe. Es zeigt ganz deutlich, dass fast alles Handwerkliche mit entsprechender Übung und Geduld verfeinert werden kann.

Stoffgalerie

Wichtige Nähbasics

Wie schon gesagt, Nähen darf, wenn es Spaß machen soll, nicht zu aufwendig und langwierig sein, sonst verliert Fräulein schnell die Lust daran.

Die meisten Projekte in diesem Buch sind aus Filz, Wachstuch oder Plane. Da diese Materialien nicht ausfransen, liegen die Nähte fast immer außen, so dass die meisten Nähstücke nicht gewendet oder verstürzt werden müssen.

Das Bügeleisen wird ebenfalls nur selten benutzt. Um zum Beispiel die Applikationen zu stabilisieren, wird selbstklebendes Stickvlies verwendet. Auch Stecknadeln werden kaum gebraucht. Sie zerstechen und wölben das Nähgut unnötig. Zum Fixieren kommen stattdessen Papierklammern zum Einsatz. Viele Teile lassen sich auch mit Klebstoff fixieren, um sie an ihrer Position zu halten.

Die Schnittvorlagen zu den einzelnen Projekten auf der CD enthalten, bis auf wenige Ausnahmen, bei denen darauf hingewiesen wird, immer schon die Nahtzugabe.

Bunte Webbänder

Allerlei Werkzeug

Hinweis

Bei jedem Projekt zeigt ein Nadelkissen mit einer, zwei oder drei Stecknadeln den Schwierigkeitsgrad an:

leicht   mittel   anspruchsvoll

Außerdem wird für jedes Projekt angegeben, welches (oder welche) Nähfüßchen zum Nähen empfehlenswert sind:

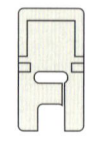 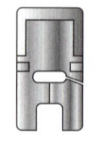 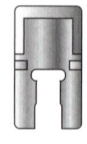 

Teflonfüßchen   Standard-nähfüßchen   offenes Nähfüßchen   Reißverschluss-füßchen

Anleitung für Applikationen

 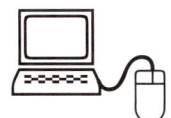

1 Für die Applikationen zu den Projekten in diesem Buch nimmt man die Applikationsmotive aus der Vorlagen-CD und druckt sie in Originalgröße bei 300 dpi aus.

2 Das A und O ist der bedruckbare Baumwollstoff. Dieser ist auf ein Trägerpapier aufgezogen und es gibt ihn gebrauchsfertig in A4-Format im Patchworkbedarf (siehe Shop-Adressen S. 95). Die Applikationen können alle zusammen auf dem Stoff ausgedruckt werden, aber natürlich auch einzeln. Mit dem Tintenstrahldrucker bei Fotoeinstellung die Motive ausdrucken. Dabei ruhig ordentlich Tinte geben, damit der Druck nicht zu blass wird, denn Stoff saugt die Tinte mehr auf als Papier.

3 Für mehrere Stunden zum Trocknen liegen lassen. Dann das Trägerpapier vorsichtig (!) abziehen, denn der feine Stoff franst sonst schnell aus.

4 Das Stöffchen für 5 min in eine Schüssel mit kaltem Wasser legen, um eventuelle Farbüberschüsse auszuwaschen. Unbedingt darauf achten, dass die bedruckten Stellen keinen Kontakt zueinander haben, sie könnten eventuell voneinander abfärben.

5 Bitte nicht auswringen oder drücken, die Knitter gehen aus dem zarten Stoff schlecht heraus. Besser das tropfnasse Teil zwischen ein altes Küchenhandtuch legen, dann ist das Abfärben auch nicht so dramatisch.

6 Trockenbügeln bei mittlerer Hitze.

7 Jetzt ist das Ganze auch gut waschfest.

8 Die entsprechende Applikation großzügig aus dem Stoff ausschneiden.

10 Jetzt in gleichmäßigem Abstand immer ca. je 3 mm vom Rand entfernt die Illustration ausschneiden.

11 Schon ist die Applikation fertig für die Weiterverarbeitung, also zum Applizieren!

9 Ein ähnlich großes Stück selbstklebendes Stickvlies zuschneiden. Die Schutzfolie abziehen und das Vlies nun auf die Rückseite der Applikation kleben und feststreichen.

Pflegetipps für Materialien

Filz

Der Filz, der für die Projekte in diesem Buch verwendet wurde, ist ein reines Naturprodukt und zu 100 % aus Schafwolle hergestellt (am liebsten aus Merinowolle). Das Tolle ist, er franst nicht aus; einmal zugeschnitten, kann er sofort verarbeitet werden. Er ist von Natur aus bis zu einem gewissen Grad wasserabweisend. Ist der Filz partiell schmutzig, kann er gut mit einem in Seifenlauge getauchten Tuch gesäubert werden. Dabei sollte man nicht hin- und herrubbeln, da sich sonst Knötchen bilden. Im Ganzen kann der Filz auch per Hand mit Wollwaschmittel gewaschen werden. Danach in ein Handtuch gerollt ausdrücken (nicht wringen) und wieder in Form ziehen, flach liegend trocknen lassen. Keinesfalls in die Maschinenwäsche geben, da sich der Filz sonst zu sehr verzieht. Mit einem aufgelegten Geschirrtuch kann der Filz mit Dampf bei Stufe 2 gebügelt werden. Am besten gerollt lagern. Filz hat keine Vorder- oder Rückseite.

Plane

Plane ist ein synthetisches Gewebe, welches ebenfalls nicht ausfranst und nach dem Zuschnitt sofort verarbeitet werden kann. Sie eignet sich hervorragend zum Besticken. Da Knicke aus Plane schwer wieder herausgehen und das Material eine gewisse Steifigkeit an den Tag legt, kann Plane nicht in der Maschine gewaschen werden. Per Hand mit viel Wasser ist es aber möglich, dann darauf achten, dass die Plane nicht knickt. Danach flach liegend trocknen lassen. Am besten ist ein einfaches Abwischen mit einem feuchten Seiflappen.

Plane kann bei mittlerer Hitze mit Dampf gebügelt werden, wenn ein Geschirrtuch aufgelegt wird. Unbedingt liegend erkalten lassen, da Plane unter Hitze weich und gummiartig wird und sonst leicht Dellen bekommen könnte. Lagerung am besten gerollt. Die Planenvorderseite ist matt und die Planenrückseite glänzend.

Schöner Filz

Wachstuch dünn

Dünnes Wachstuch ist in der Regel ein beschichteter Stoff, der auch genauso verarbeitet werden kann. Es ist nicht steif oder gummiartig, eher wie ein »richtiger« Stoff. Es franst auch nicht aus und kann nach dem Ausschneiden sofort verarbeitet werden. Das dünne Wachstuch ist mit Handwäsche oder 30°-C-Maschinenwäsche im Schonwaschgang waschbar, sollte aber möglichst nicht geschleudert werden, um tiefe Knicke zu vermeiden. Danach am besten flach liegend trocknen lassen. Mit einem Handtuch darübergelegt ist es auch von der Rückseite bei leichter Hitze bügelbar. Gerollt oder gefaltet lagern. Vorder- und Rückseite sind klar erkennbar.

Wachstuch dick

Dickes Wachstuch ist in der Regel eine Kunststofffolie mit einem Gewebegitter auf der Rückseite. Es ist steifer und gummiartiger, als »richtiger« Stoff. Es franst wenig aus und kann nach dem Ausschneiden sofort verarbeitet werden. Das dicke Wachstuch ist nicht waschbar, da das Gewebe auf der Rückseite sich ablösen könnte. Am besten mit einem feuchten Seiflappen abwischen, wenn es schmutzig geworden ist. Mit einem Hand-tuch darüber ist es auch von der Rückseite bei leichter Hitze bügelbar. Auf einen Pappkern gerollt lagern, da Knicke nur sehr schwer entfernt werden können.
Vorder- und Rückseite sind klar identifizierbar.

Durchsichtige Tischdeckenfolie

Sie heißt auch Vinyl-Folie, wird aber oft als durchsichtige Tischdecke verkauft. Sie franst nicht aus und kann sofort verarbeitet werden. Gewaschen werden sollte die Folie nicht, da sonst Laugen und Kalkablagerungen unschön die Oberfläche überziehen. Lieber mit einem feuchten Lappen abwischen. Wenn ein Geschirrtuch zum Bügeln aufgelegt wird, kann Tischdeckenfolie bei mittlerer Hitze gebügelt werden. Unbedingt liegend erkalten lassen, da die Folie unter Hitze weich und gummiartig wird und leicht Dellen bekommen könnte. Verkauft wird die Folie meist mit einem Papier dazwischengelegt, so kann man sie gut auf einen Pappkern wickeln.

Fräulein zu Haus

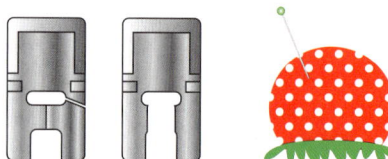

Becher-Pulli

Becher-Pulli

Fräulein liebt es sich unterwegs noch flink einen Coffee-to-go zu schnappen, und dabei passiert es jedes Mal: »Autsch, Finger fast verbrannt … « Oder sie zaubert sich zu Hause einen Latte Macchiato und dann droht ihr das Glas zu entgleiten, weil es sich mit bloßer Hand kaum anfassen lässt. Das alles muss ja nicht sein, denn so ein flotter Becher-Pulli macht nicht nur optisch schwer was her, sondern ist auch wärmeisolierend und dank des Filzes angenehm anzufassen. Mit Miss Coffee Bean schmeckt Fräulein der Coffee-to-go im Kaffeehaus ihres Vertrauens gleich doppelt so lecker.

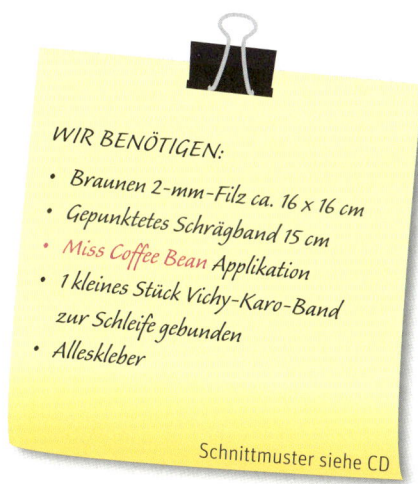

WIR BENÖTIGEN:

• Braunen 2-mm-Filz ca. 16 x 16 cm
• Gepunktetes Schrägband 15 cm
• *Miss Coffee Bean* Applikation
• 1 kleines Stück Vichy-Karo-Band zur Schleife gebunden
• Alleskleber

Schnittmuster siehe CD

1 Das Schrägband auf die Vorderseite des einen Teils, ca. 1 cm vom unteren Rand, legen. Oben und unten im Zickzackstich, der Rundung folgend, festnähen.

2 *Miss Coffee Bean* mittig in der rechten Hälfte plazieren und mit kleinem Zickzackstich umrunden. Nun das Schleifchen mit einem langen sehr engen Zickzackstich festnähen.

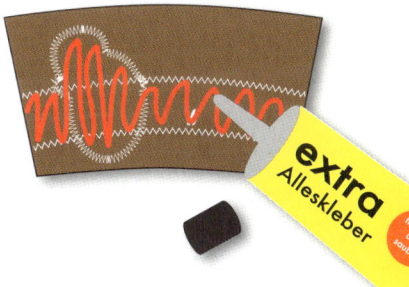

3 Um den Becher-Pulli am Heruntergleiten zu hindern, einfach auf der Rückseite innerhalb der Nähte etwas Alleskleber auftragen und gut trocknen lassen; das macht den Stoff rau und dadurch rutschfest.

4 Das zweite Filzstück passgenau unter das applizierte Vorderteil legen und nun links und rechts mit längerem engen Zickzackstich zusammennähen.

Voilà und Prost!

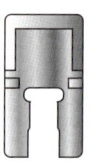

Türschild

Türschild

Da kommt die Freundin erstmalig zu Besuch und hört durch die Sprechanlage: »Fräulein ist oben und wartet schon auf dich! Die zweite Tür gleich rechts … « Doch wenn die Freundin dann völlig aus der Puste vier Stockwerke erklommen hat und plötzlich vor mehreren identisch aussehenden Türen steht, kann ein bebildertes Leitsystem enorm helfen: Bei DEM Türschild kann diese Wohnung niemand anderem als Fräulein gehören.

WIR BENÖTIGEN:

- *1 A4-Blatt Ink-Jet-Leinwand*
- *Fräulein Mohni Applikation*
- *1 Platte Kapafix 29,7 x 11 cm, 5 mm dick, einseitig selbstklebend*
- *1 Stück Mohni-Webband (siehe Shop-Adressen S. 95)*
- *Scharfen Cutter, scharfe Schere*
- *Schneidelineal o.Ä.*

1 *Fräulein Mohni* aus der Vorlage und den entsprechenden Namen in einem Bild oder Textprogramm erstellen, anordnen und auf dem Baumwollstoff ausdrucken. Die Motive grob ausschneiden. (Alternativ kann der Name auch mit einem Textilstift per Hand auf ein Stoffstückchen geschrieben werden.)

2 Die Mohnlandschaft auf Ink-Jet-Leinwand ausdrucken und gut trocknen lassen. Dann mit einer sehr scharfen Schere ausschneiden.

3 Das Namensschild und *Fräulein Mohni* mit kleinem, nicht zu engem Zickzackstich auf der Leinwand aufnähen. Den Mohni-Webband-Schnipsel mit Gerad-stich annähen (nicht zu dicht am Rand, da sonst eventuell das Leinengewebe ausreißen kann).

4 Die Schutzfolie von der Kapafix-Platte abziehen.

5 Die Leinwand bündig an der rechten unteren Ecke auf die Kapafix-Platte kleben, so müssen nur zwei Seiten zugeschnitten werden. Die Seiten an ein Schneidelineal anlegen und mit dem scharfen Cutter zuschneiden.

6 Fertig ausgeschnitten kann das sehr leichte Türschild nun problemlos mit Posterstrips oder Ähnlichem an der Wohnungs- oder Zimmertür befestigt werden.

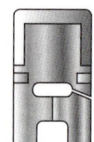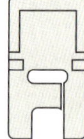

Telefonhalter

Telefonhalter

Lehne ich mich jetzt zu weit aus dem Fenster, wenn ich vermute, ihr seid bestimmt genauso schlimme Schnatterenten wie Fräulein?! Stundenlanges Telefonieren mit Mutti oder der besten Freundin hat euch auch schon mal in die Physiotherapie eures Vertrauens gebracht, aufgrund von Dauerschiefhaltung des Kopfes, um das Telefon »bequem« zwischen Schulter und Ohr zu quetschen? Mädels, DAS hat ein Ende und damit meine ich nicht irgendein ordinäres Headset, sondern eine genähte Vorrichtung für euer Schnurlostelefon.

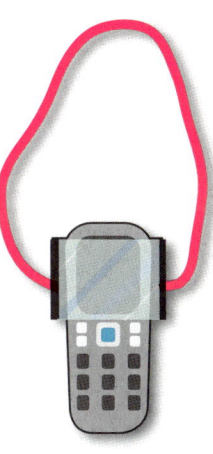

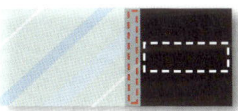

1 Auf das linke Filzstück den Streifen mit Klett-Flausch ganz links an der Kante anliegend mittig quer aufnähen.

2 Auf das rechte Filzstück den Streifen mit Klett-Haken längs aufnähen. Er muss rechts ganz an der Kante anliegen.

3 Die Folie rechts ca. 7 mm überlappend auf den Filz mit dem Klett-Flausch legen, dabei liegt die Flauschseite unten. Im Geradstich die Folie auf dem Filz festnähen. Das Ganze um 180° drehen.

4 Nun die Folie rechts ca. 7 mm überlappend auf den Filz mit den Klett-Haken legen. Die Häkchenseite zeigt nach oben. Im Geradstich die Folie auf dem Filz festnähen. Das Ganze umdrehen.

5 Ein kleines Stück Filz (3 x 1,5 cm) auflegen und an der oberen Kante im Geradstich festnähen.

6 Jetzt das »Nasen«-Teil eines Jersey-Druckknopfes in das untere Drittel des Filzstückchens drücken.

7 Mit Hilfe eines Kreidestiftes die genaue Position des Gegenstücks im unteren Filz markieren. Dieses ebenfalls kräftig in den Filz drücken.

8 Den Kopfumfang für das Gummiband abmessen und an den Enden zusammennähen.

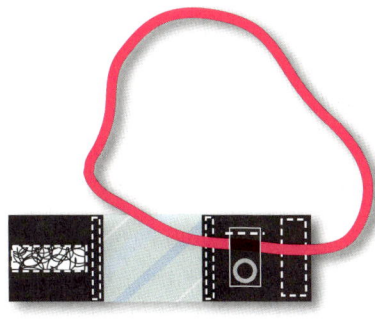

9 Das Gummiband nun in die kleine Lasche einhängen, den Druckknopf schließen und den Filz schön stramm ums Telefon kletten. Und jetzt kann dauertelefoniert werden!

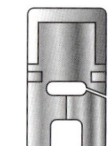

Werkzeuggürtel

Werkzeuggürtel für Nähutensilien

Ihr seid sicher viel ordentlicher als das leicht zum Chaos neigende Fräulein. Wenn sie etwas nähen möchte, muss meistens der Zuschnittplatz erst mal fünf Minuten lang entrümpelt werden: Die Stoffschere ist auf großer Wanderschaft, der Kreidestift in den Untiefen mehrerer Filzlagen verschollen, das Maßband eine sehr innige Beziehung zu einem Rudel Webbänder eingegangen, kurz, alles was Fräulein gerade so bräuchte, ist nicht an seinem Platz … Wenn auch der wunderbar praktische Werkzeuggürtel das Chaos nicht völlig beseitigt, bietet er doch rund ums Fräulein Platz, die wichtigsten Arbeitsutensilien direkt an der Frau zu verstauen.

WIR BENÖTIGEN:

- Rot-weiß gepunktetes Fleece ca. 50 x 60 cm
- Schwarzes Klett-Velours ca. 50 x 60 cm
- Roten 2-mm-Filz ca. 12 x 60 cm
- Anthrazitfarbenen 1,5-mm-Filz ca. 15 x 17 cm
- 1 Streifen rote Klett-Haken 70 x 2 cm
- 3 Jersey-Druckknöpfe
- Gummiband 10 cm
- Papierklammern

Schnittmuster siehe CD

lange Seite Rückseite kurze Seite

1 Die lange Fleeceseite rechts auf rechts auf die Rückseite legen und im Geradstich zusammennähen, darauf achten, dass die spätere Außenkante breiter ist, als die Innenkante, nicht falsch herum zusammennähen. Nun die kurze Seite ebenfalls rechts auf rechts auf die Rückseite nähen.

2 Auseinanderklappen und jeweils links neben der Naht mit knappkantigem Geradstich flachnähen.

3 In gleicher Weise mit den Klett-Velours-Teilen verfahren. Unbedingt darauf achten, dass der Schnitt hier spiegelverkehrt übertragen werden muss!

4 Die Fleece- und Klett-Velours-Bahnen rechts auf rechts legen und im Geradstich knappkantig zusammennähen. Unten eine ca. 8 cm breite Wendeöffnung lassen. Dann wenden und die Ecken mit einem spitzen Gegenstand vorsichtig ganz ausstülpen.

5 Nun noch einmal knappkantig im Geradstich ringsum den ganzen Gürtel nähen, dabei auch die Wendeöffnung schließen. Anschließend auf der lange Seite auf den Fleecestoff ganz an der Außenkante einen roten Streifen Klett-Haken annähen und 1 cm daneben ein klein wenig im Winkel versetzt den zweiten Streifen Klett-Haken.

6 Der Gürtel als solches ist nun schon fertig. Prinzipiell kann jede Art Täschlein oder Ad-on angebracht werden, welches mit Klett-Haken versehen ist, da sind eurer Phantasie keine Grenzen gesetzt. Anbei findet ihr ein paar Ideen:

7 Druckknopftasche

5 cm von der Oberkante den Klett-Haken-Streifen festnähen. 2 cm von der Unterkante die Druckknopfringe in den Filz zwicken. Umdrehen, so dass der Klett sich auf der Rückseite befindet, und 7 cm nach vorn umklappen, mit Papierklammern fixieren und im Zickzackstich beide Kanten schließen. Nun noch die Position der Druckknopf-»Nasen« bestimmen und dann in den Filz zwicken.

8 Telefontasche

Auf die Rückseite 1 cm und 8 cm von der Oberkante entfernt je einen Streifen rote Klett-Haken quer aufnähen. Umdrehen, so dass die Klettstreifen hinten liegen. Die Vorderseite auflegen, mit Papierklammern gegen Verrutschen sichern und einmal im Zickzackstich ringsum nähen, oben offen lassen.

9 Haken

Senkrecht ein kleines Stück Klett-Haken aufnähen. Umdrehen, so dass der Klettstreifen auf der Rückseite liegt. Am unteren Rand die Druckknopf-»Nase« einzwicken und kurz unter dem Klett den Druckknopfring.

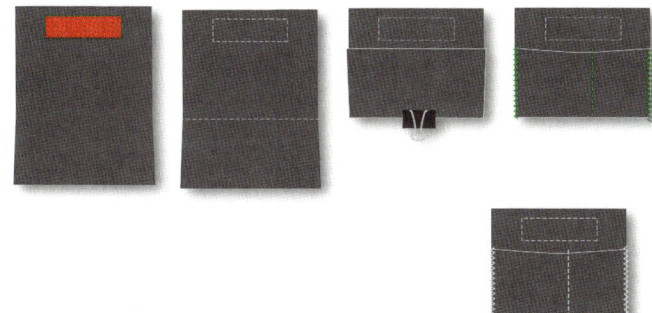

❿ Einstecktasche

Die leicht ausgestellten Ecken bilden die Unterkante. Auf die Rückseite 1 cm von der Oberkante
entfernt mittig ein Stück Klett-Haken aufnähen.
Umdrehen, so dass sich der Klettstreifen auf der
Rückseite befindet. Ca. 6 cm nach vorn umklappen, unten mit einer Papierklammer fixieren. Die
ausgestellten Ecken bündig an die Außenseite
anlegen, so bekommt das Täschlein ein klein
wenig Volumen. Die Kanten im Zickzackstich
schließen. Das Einsteckfach nun noch mit einer
Geradstichnaht unterteilen.

⓫ Stiftehalter

Auf die Rückseite des Filzstreifens ein Stück Klett-Haken
aufnähen. Umdrehen, so dass der Klettstreifen auf der
Rückseite liegt. Das Gummiband an den Außenkanten mit
engem Zickzackstich auf dem Filz fixieren und dann nach
Belieben mit kleinen Geradstichnähten unterteilen.

⓬ Nun können ganz nach Lust und Laune
die unterschiedlichen Klettteile am Gürtel
befestigt werden und ergeben ein sehr
schön variables Ordnungssystem.

Fräulein verpackt

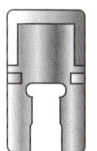

Brillenetui

Brillenetui

Nichtsahnend begleitet Fräulein ihren Liebsten zur Abholung der neuen Brille, als sie ganz unvermittelt gefragt wird: »Na …, wann haben wir denn das letzte Mal die Sehkraft testen lassen?« Mit »wir« angeredet werden, mag Fräulein ja so gar NICHT …, und sehen kann ich doch ganz gut, denkt sie. Leider ein Irrtum, wie sich herausstellt, und ehe sich Fräulein versieht, braucht sie eine Brille, und dazu natürlich ein schickes Brillenetui.

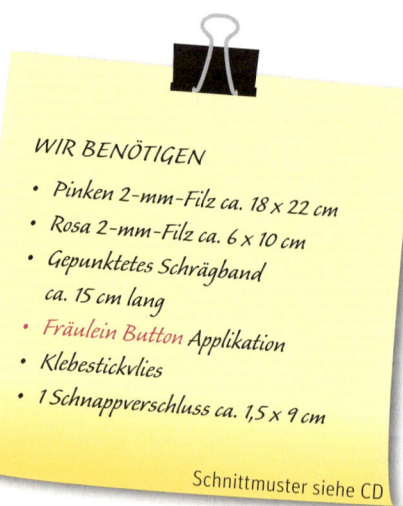

WIR BENÖTIGEN

- Pinken 2-mm-Filz ca. 18 x 22 cm
- Rosa 2-mm-Filz ca. 6 x 10 cm
- Gepunktetes Schrägband ca. 15 cm lang
- *Fräulein Button* Applikation
- Klebestickvlies
- 1 Schnappverschluss ca. 1,5 x 9 cm

Schnittmuster siehe CD

❶ Aus dem rosa Filz zwei Streifen zuschneiden. Diese auf Vorder- und Rückteil der pinken Filzteile genau oben anlegen und dann jeweils oben und unten im Geradstich knappkantig festnähen.
Das Schrägband auf der Vorderseite im unteren Viertel plazieren und mit nicht zu langem Zickzackstich oben und unten aufnähen. Das *Fräulein Button* mit kleinem, nicht zu engem Zickzackstich umfahren.

❷ Vorder- und Rückteil genau aufeinanderlegen und ringsum mit längerem Zickzackstich zusammennähen. Den Teil oben mit dem rosa Filzstreifen aussparen, dort muss eine Öffnung bleiben.

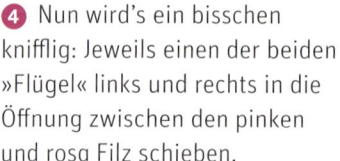

❸ Die beiden Teile des Schnappverschlusses mit Hilfe des ersten »Nagels« rechts zusammenfügen.

❹ Nun wird's ein bisschen knifflig: Jeweils einen der beiden »Flügel« links und rechts in die Öffnung zwischen den pinken und rosa Filz schieben.

5 Den Verschluss so weit wie möglich durch die Öffnung schieben, um so mit dem zweiten »Nagel« den Schnapper schließen zu können.

6 Ein Stückchen Schrägband auf selbstklebendes Stickvlies kleben, um ihm Festigkeit zu geben und dann zu einem Schleifchen falten. Dieses dann mit der Hand zwischen dem rosa und pinken Filz festnähen.

Nun haben die »Glasaugen« eine schöne Verpackung.

MP3-Player-Tasche

WIR BENÖTIGEN:
- Baumwollstoff ca. 8 x 10 cm
- Klebestickvlies ca. 8 x 10 cm
- 2-mm-Filz ca. 15 x 15 cm
- Baumwollkordel 1 m
- 2 Ösen Durchmesser 1 cm
- 1 Papierklammer, Lochzange

MP3-Player-Tasche

Da will Fräulein mal in aller Seelenruhe im Park joggen gehen, um die urplötzlich über Nacht gewachsenen Pölsterchen wegzulaufen, doch natürlich bevölkert eine ausschließlich im Rudel auftretende Gruppe dauerschnatternder Schleichfüßler die Laufstrecke. Fräulein könnte alle zehn Schritte einem anderen Gespräch über das Für und Wider von Carbon-Deluxe-Walking-Stöcken, Soja-Phytoöstrogenen oder Trennkost lauschen, wenn sie denn nur wollte … Will sie aber nicht, und muss sie auch nicht. Denn zum Glück hat sie ihren kleinen Freund dabei, der sich ganz einfach um den Hals tragen lässt. Und das nicht nur beim Joggen, sondern auch in der Bahn, beim Einkaufen oder wenn ihr mal wieder jemand unterwegs 'ne Frikadelle ans Ohr schwatzen möchte.

❶ Den Baumwollstoff für das Kabeltäschchen mit selbstklebendem Stickvlies (oder Bügelvlies) verstärken, so fransen die Kanten nicht aus. Oben ca. 5 mm nach hinten umknicken und knappkantig mit Geradstich festnähen.

❷ Alle drei Teile übereinanderlegen, bündig an der Unterkante, als hinterstes das lange Filzstück mit den abgerundeten Ecken. Unten alle Teile mit einer Papierklammer zusammenzwicken.

❸ Die rechte obere Ecke des Stoffstückchens so nach oben an die Außenkante des Filzes ziehen, bis alle Lagen rechts bündig liegen. Nun im Zickzackstich an der rechten Kante bis zur Ecke entlangnähen. Die Nadel versenken, die Tasche um 90° drehen. Die Klammer entfernen und die kurze Seite nähen. Wieder Nadel versenken und noch einmal um 90° drehen.

❹ Die noch freie linke Ecke des Stoffes ebenfalls an die Außenkante ziehen. Bis zum Ende weiternähen. So ist eins-zwei-fix das Volumen für die Kopfhörer in die Tasche genäht.

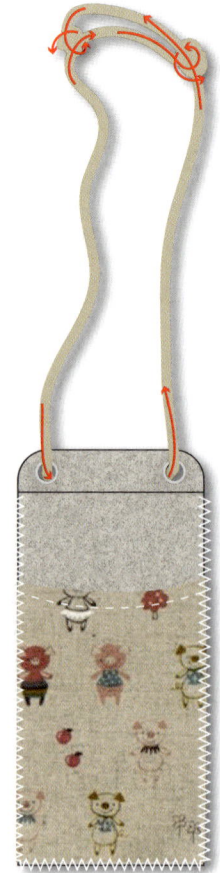

❺ In die hintere Filzlage mit der Lochzange zwei Löcher knipsen und dann jeweils eine Öse hineindrücken. Eine Baumwollkordel in entsprechender Länge zuschneiden. Von vorn nach hinten und wieder zurück nach vorn durch die Ösen fädeln. Die Kordelenden mit etwas Alleskleber versiegeln und um das jeweils andere Ende knoten, so dass sich die Knoten gegeneinander schieben und in der Länge variieren lassen.

Fertig!

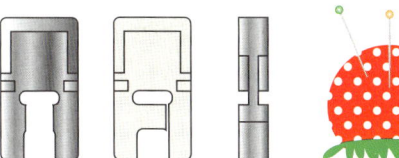

Stiftemäppchen

Stiftemäppchen

Habt ihr doch bestimmt auch, so einen Anspitzer mit superpraktischem Anspitzdreckauffang?! Und wie oft ist das Ding schon im Lederfedermäppchen aufgegangen und hat das ganze Täschlein vollgebröselt und innen irreparabel verschmiert? Fräulein findet, so kann das nicht weitergehen, sie hat sich ein Stiftemäppchen mit abwischbarem Wachstuch gewünscht. Solltet ihr nicht, so wie sie, Anspitzer mit euch herumschleppen, könnt ihr das Täschlein auch prima als kleine Kosmetiktasche verwenden, denn auch da haben wir ja gerne mal Verschmierer drin.

WIR BENÖTIGEN:
- Rot-weiß gepunktetes Wachstuch ca. 21 x 30 cm
- Grau-weiß gepunktetes Wachstuch ca. 21 x 25 cm
- 2 Wachstuchstreifen je ca. 5 x 21 cm
- *Mausmädchen* Applikation
- 1 Stück Mäusewebband (siehe Shop-Adressen S. 95)
- Zackenlitze ca. 21 cm lang
- Reißverschluss 19 cm
- Falzbein, Papierklammer, scharfe Schere

Schnittmuster siehe CD

❶ Das längere Wachstuchstück und das kürzere Stück links auf links an der Unterkante bündig aufeinanderlegen. Dann das überstehende Stück nach vorn umklappen.

❷ Um diesen Knick zu festigen, mehrmals mit dem Falzbein von links nach rechts streichen. Die beiden anderen Wachstuchstücke genauso ineinanderlegen und knicken.

❸ Jetzt am besten mit dem Teflonfüßchen nähen, das stoppt auf gummiartigen Untergründen nicht, sondern gleitet darüber hinweg. Im nicht zu engen Zickzackstich das umgeklappte Wachstuch festnähen. Auf das Vorderteil einen Streifen kontrastierendes Wachstuch unten bündig anlegen und im Zickzackstich festnähen. Auf den Zierstreifen ein Stück Zackenlitze in der oberen Hälfte mit Geradstich aufnähen (Achtung: Beim Zusammennähen fallen an allen Seiten je 5 mm weg.). Das *Mausmädchen* plazieren (aber nicht zu nah an den Rändern) und im kleinen Zickzackstich umrunden.

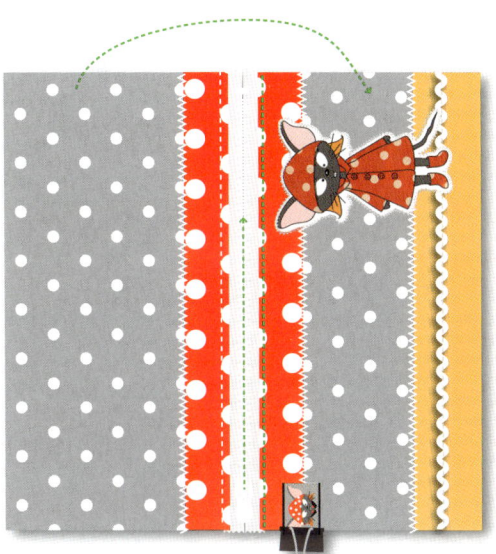

❹ Den Reißverschluss unter das Vorderteil legen und knappkantig im Geradstich festnähen. Das Ganze nun um 180° drehen.

❺ Die Rückseite jetzt auf gleicher Höhe am Reißverschluss anlegen und ebenfalls im Geradstich knappkantig festnähen. Gegebenenfalls überstehende »Schwänzchen« des Reißverschlusses abschneiden. Das gefaltete Mäusewebband mit der offenen Seite links hinlegen und mit einer Papierklammer vorsichtig fixieren. Den Reißverschluss zu 1/3 schließen, dann die beiden Hälften rechts auf rechts klappen.

❻ Die offene Reißverschlussseite ist links. Im Geradstich mit Teflonfüßchen die rechte Seite, mit ca. 7 mm Abstand zum Rand, bis kurz vor die Klammer nähen, diese vorsichtig entfernen und dann bis zum Ende nähen. Alles Überstehende mit einer scharfen Schere auf 4 mm zurückstutzen. Die Ecken zum besseren Wenden im 45°-Winkel abschneiden. Nun die offenen Kanten mit kleinem, nicht zu engen Zickzackstich versäubern. Den Reißverschluss aufschieben und die Tasche nach außen wenden. Die Ecken vorsichtig mit einem nicht zu spitzen Gegenstand ausstülpen.

Fertig!

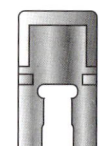

Dokumententasche

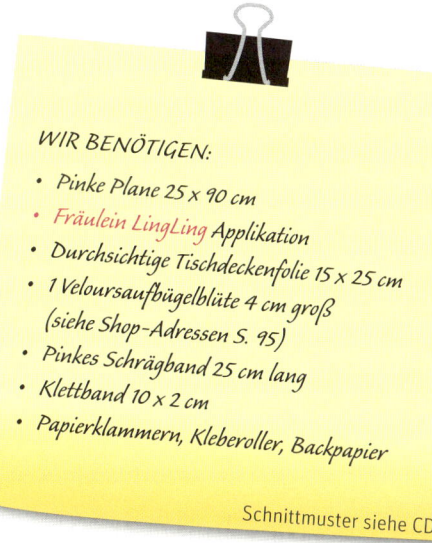

WIR BENÖTIGEN:

- Pinke Plane 25 x 90 cm
- Fräulein LingLing Applikation
- Durchsichtige Tischdeckenfolie 15 x 25 cm
- 1 Veloursaufbügelblüte 4 cm groß
  (siehe Shop-Adressen S. 95)
- Pinkes Schrägband 25 cm lang
- Klettband 10 x 2 cm
- Papierklammern, Kleberoller, Backpapier

Schnittmuster siehe CD

Dokumententasche

Fräulein liebt ihre Zettelwirtschaft. Hier ein Listchen, da eine Aufzeichnung, dort ein Schmierzettelchen … Frau weiß schließlich nie, wann sie gerade diesen einen Zettel brauchen kann. So nimmt sie ihr Mäppchen mit, wann immer es geht, auf Reisen, in die Bibliothek, in den Zug oder in die Uni. Klarsichthüllen mit Esels- ohren kann sie nicht leiden. Sie mag aber pink und Fräulein LingLing. In ihrem Dokumententäschlein kann sie sogar ihre Copycard und ihren Studentenausweis mit unterbringen. Sehr praktisch, oder?

1 Die obere Kante der durchsichtigen Folie mit dem Schrägband einfassen, dabei die Enden etwas länger lassen und nach hinten umklappen. Mit einer Gerad- stichnaht fixieren.

2 Filz auf Folie ist eine echte Rutschpartie, deshalb das *Fräulein LingLing* erst etwas mit Klebstoff bestreichen, dann positionieren und im Geradstich auf der Folie festnähen.

3 Plane ist kein Freund großer Hitze, sie schmölze dahin … Daher die Veloursaufbügelblüte vorsichtig von der Trägerfolie abziehen, auf ein kleines Stück Plane legen und bei mittlerer Hitze mit Backpapier abgedeckt aufbügeln (am besten auf einem Brett liegend, weil der Untergrund dann nicht nachgibt oder unschön durchdrückt). Nicht zu sehr pressen, sonst quillt der weiße Kleber aus den Rändern. Dann mit kleinem Rand aus- schneiden und in die linke untere Ecke der Klappe nähen.

4 Das Klett-Haken-Stück mit Klebstoff bestreichen und dann mittig 2 cm von der Oberkante mit Gerad- stich aufnähen.

5 Das Klett-Flausch-Stück ebenfalls mit Klebstoff bestreichen und dann mittig 8 cm von der Oberkante mit Geradstich aufnähen. Die beiden Kartenfächer 2,5 cm von der oberen Kante entfernt auflegen und rechts, unten und links auf der Plane im Geradstich festnähen.

6 Nun nur noch die drei Teile (Rückseite mit Klappe, Vorderseite und Folie) unten und seitlich bündig aufeinanderlegen, mit Papierklammern gegen Verrutschen sichern und im Geradstich mit 5 mm Abstand zum Rand entlang zusammennähen.

Voilà, nie wieder Zettelchaos!

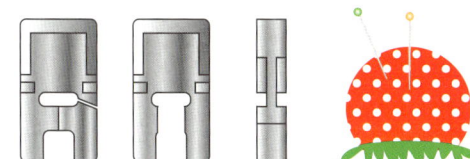

Passhülle

Passhülle

Fräulein verreist ja wahnsinnig gern, ihr auch, oder?! Da steht sie dann immer sehr aufgeregt in der langen Schlange zur Einreise. Früher war sie eine von vielen mit schnödem bordeauxroten Pass … laaangweilig. Was ein echtes Fräulein ist, hat natürlich eine Passhülle, so individuell, wie ihr Zeigefingerabdruck und ihr etwas schiefes Lächeln in die kleine Kamera des Zollbeamten. Manchmal sitzt sie zu Hause und blättert andächtig durch die Seiten mit den hübschen Stempeln, streicht dabei versonnen über den Filz und denkt an ihre schönen Reisen und die amüsierten Kommentare des Flughafenpersonals.

WIR BENÖTIGEN:

- Blauen 2-mm-Filz ca.16 x 25 cm
- Wachstuch in Rautenoptik ca. 15 x 16 cm
- *Wiesn Madl* Applikation
- Häkelspitze ca. 25 cm lang
- Rautenbaumwollstoff 9 x 10 cm
- 2 Satinblümchen
- 1 Jersey-Druckknopf
- 1 Stück Herzilein-Webband (siehe Shop-Adressen S. 95)
- Papierklammer, Falzbein

Schnittmuster siehe CD

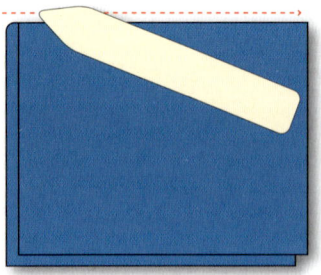

❶ Den Filz in der Mitte falten. Mit einem Falzbein den Knick durch kräftiges Falzen festigen.

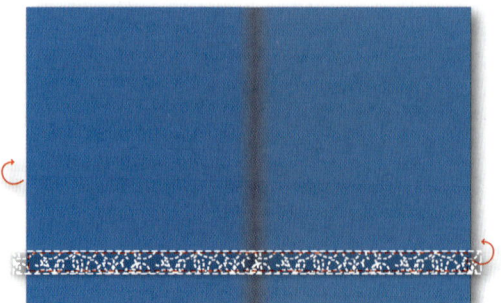

❷ Die Häkelspitze im Geradstich aufnähen, und zwar so, dass sie links und rechts jeweils 1 cm um den Filz nach innen geklappt und mit festgenäht werden kann.

❸ In das kleine Filzstückchen für den Verschluss die »Nasen«-Seite des Druckknopfs im vorderen Drittel mittig einzwicken.

❹ Die Herzform mit Hilfe der Schablone aus der Vorlage auf den Rautenstoff übertragen und ausschneiden, dann so auf der rechten Filzhälfte plazieren, dass rechts daneben noch mindestens 3 cm für den Druckknopf bleiben. Nun mit engem Zickzackstich auf dem Filz festnähen. Dabei an der rechten Seite das Stück Herzilein-Webband darunterlegen und mit annähen. Das *Wiesn Madl* mit nicht zu langem, engeren Zickzackstich auf dem Filz festnähen. Die beiden Satinblümchen mit einem Ösenstich fixieren. 1,7 cm vom Rand mittig die Ringseite des Druckknopfs in den Filz zwicken. Danach den Filz auf links drehen.

5 Da Wachstuch Stecknadeleinstiche nicht »verzeihen« würde, die Klappenstücke einfach mit Hilfe von 4 Papierklammern passgenau fixieren. Dann das Ganze wieder auf rechts drehen.

6 Beim Nähen empfiehlt sich hier ein Reißverschlussfüßchen, so ist der Druckknopf beim Nähen nicht im Weg. Im Geradstich knappkantig einmal ringsum nähen. Dabei an den Ecken angelangt, immer die Nadel vor dem Drehen versenken. Die Klammern nach und nach kurz vor Erreichen entfernen.

7 Nun den Verschluss probeweise zuknöpfen, dabei die Position auf der Rückseite mit Hilfe von zwei Stecknadeln markieren. Vorsichtig öffnen und umdrehen. Den Verschluss mit knappkantigem Geradstich festnähen. Gegebenenfalls überstehende Filzreste links der Naht zurückstutzen.

Jetzt kann der nächste Urlaub kommen!

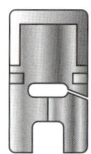

Handytasche

Handytasche

*Wer von euch kein Handy hat, bitte mal die Hand heben! Aha, keine, dacht'
ich's mir. Während die Herren der Schöpfung alle relevanten Eckdaten ihrer
High-Tech-Geräte aus dem FF herbeten können, wie etwa: »Es hat ein
QVGA-TFT-Display sowie eine Hot-swapfähige micro SD-Speicherkarte und
bis zu 230 Stunden Stand-by im GMS-Betrieb«, charakterisiert Fräulein ihr
liebstes Kommunikationsgerät eher folgendermaßen: »Ich habe so ein schlankes
Schiebedings in Feuerrot, das hat ein romantisches Blumenmuster auf der
ganzen Schale, und es leuchtet wunderschön, wenn eine SMS kommt.« Wer
seinem Telefon derart nahe steht, braucht ganz dringend ein ganz besonders
schönes Täschlein dafür.*

WIR BENÖTIGEN:

• Außenstoff und Innenstoff (dünnes
  Wachstuch oder Baumwolle)
• Volumenvlies für den Außenstoff
• (Da der Schnitt je nach Handygröße
  variiert, gibt es keine Maßangabe für
  Stoff und Volumenvlies. Bitte erst beim
  eigenen Handy ausmessen.)
• 1 Jersey-Druckknopf

Schnittmuster siehe CD

❶ Die unterste Schicht bildet
das Volumenvlies, darauf liegen
rechts auf rechts der Außenstoff
und der Innenstoff. Oben einmal
im Geradstich 5 mm vom Rand
entlangnähen. Innenstoff nach
hinten wegklappen.

❷ Oben einmal im Geradstich
knappkantig entlangnähen.
Die »Tasche« so falten, wie sie
später in den Proportionen
(Klappe/Tasche) sein soll.

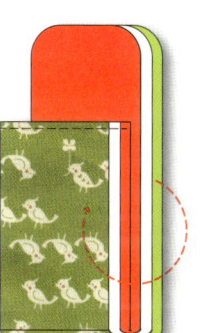
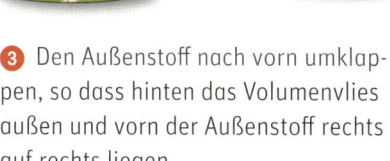
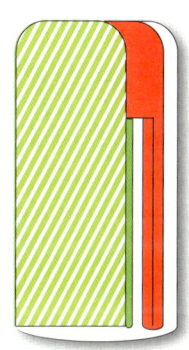

❸ Den Außenstoff nach vorn umklappen, so dass hinten das Volumenvlies
außen und vorn der Außenstoff rechts
auf rechts liegen.

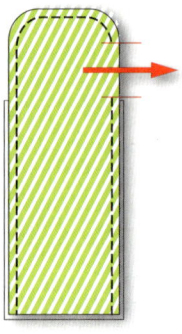

4 Nun knappkantig im Geradstich alle Lagen zusammennähen. An der rechten Seite der Klappe eine ca. 4 cm große Öffnung zum Wenden lassen. Wenn die Enden der Nähte durch Vor- und Zurücknähen verstärkt werden, wendet es sich komfortabler durch die recht kleine Öffnung. Nach dem Wenden die Ecken vorsichtig mit einem spitzen Gegenstand richtig ausstülpen.

5 Den Stoff an der Wendeöffnung nach innen kniffen und die Klappe im Geradstich knappkantig umfahren.

6 In die Mitte der Klappe ca. 1,5 cm vom oberen Rand das »Nasen«-Teil des Druckknopfs in den Stoff zwicken.
Das Handy sollte in der Tasche stecken, wenn die Position des Druckknopfgegenstücks bestimmt wird. Nun noch den Ringteil des Druckknopfs in den Stoff zwicken.

Fertig!

 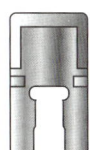 

Digitalkameratasche

Digitalkameratasche

Wenn die Livemusik ruft, ist Fräulein zur Stelle. Sie liebt das direkte Klangerlebnis. Okay, das Geschubse und Gekreische findet sie manchmal prä- oder postpubertär, sie ist ja keine 15 mehr … Weil bei Konzerten meist große Kameras verboten sind und Fräulein ihre Spiegelreflexkamera auch nur ungern im dichten Gedränge halten möchte, nimmt sie zu Live-Events immer nur die kleine, handliche Knipse mit. Alles Unnötige wird vermieden und alles Nötige möglichst nah am Körper getragen. Sich mitten in einem Kreischschubser darum kümmern zu müssen, ob das werte Handtäschlein noch seinen Schulterplatz beibehält? … Neee! So wird das kleine Filztäschlein am Gürtel angedockt und ist blitzschnell aufgemacht, wenn ein kreischwürdiger Moment auf Chipkarte zu bannen ist.

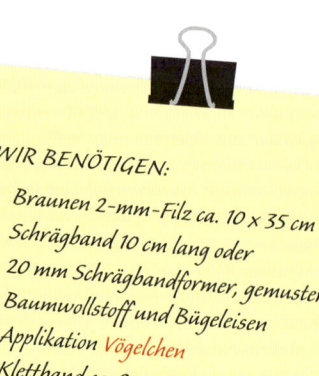

WIR BENÖTIGEN:

- Braunen 2-mm-Filz ca. 10 x 35 cm
- Schrägband 10 cm lang oder
- 20 mm Schrägbandformer, gemusterten Baumwollstoff und Bügeleisen
- Applikation *Vögelchen*
- Klettband ca. 2 x 3 cm
- 1 Öse mit 1 cm Durchmesser
- Lochzange

Schnittmuster siehe CD

1 Wenn kein passendes Schrägband im Hause ist, kein Problem, das ist fix selbst gemacht. Für ein 10 cm Stück fertiges Schrägband braucht man ein Baumwollstoffstück, das mindestens 9 x 11 cm groß ist. Man muss aus dem Stoff im 45°-Winkel zum Fadenlauf einen 4 cm breiten und 10 cm langen Streifen ausschneiden.

2 Den Streifen in den breiten Teil des Schrägbandformers stecken (den Anfang vorsichtig mit einer Nadel durch die Öffnung ziehen). Durch die Verjüngung nach vorn faltet sich das Band an den Rändern zur Mitte hin ein. Damit das Ergebnis auch von Dauer ist, vorsichtig mit der Spitze des Bügeleisens platt bügeln.

3 Bis zur Hälfte mittig einschneiden.

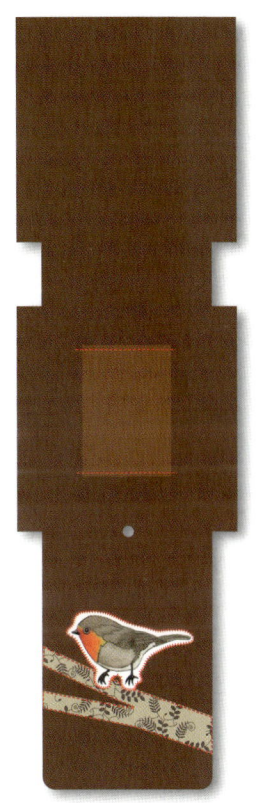

4 Das Schrägband im Geradstich knappkantig auf den Filz aufnähen. Durch den schrägen Fadenlauf kann es auch etwas in Form gezogen werden. Die Gürtelschlaufe zentriert auf dem Mittelteil plazieren. Oben und unten mit Geradstich auf dem Untergrund fixieren. Das *Vögelchen* in kleinem Zickzackstich aufnähen. Den Filz auf links drehen. Wenn die Kamera ihr Halteband seitlich hat, kein Loch einknipsen.

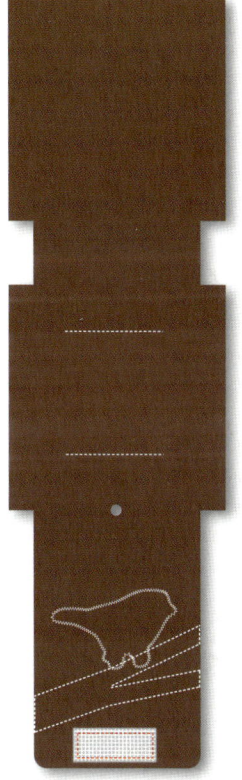

5 Das Klett-Haken-Stück mittig auf der Klappe festnähen.

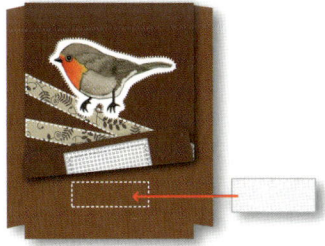

6 Um die Position des Klett-Flausch-Stückes mit umgeschlagener Klappe bestimmen zu können, Kamera dazwischenlegen.

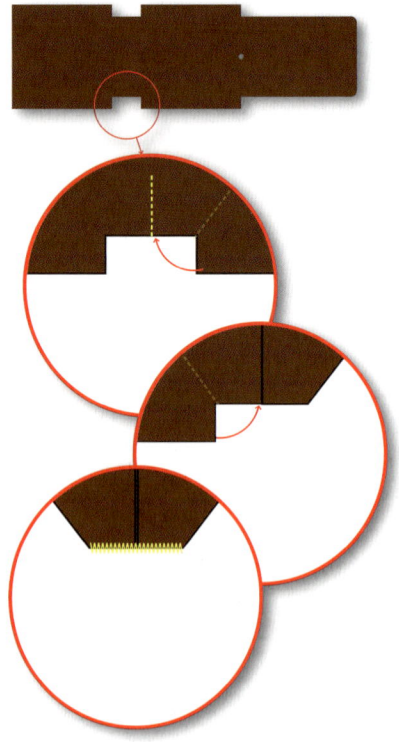

7 Die Tasche bekommt ihre Tiefe, indem die Ecken der Aussparungen zur Mitte gefaltet werden. Das Ganze schön platt nach unten drücken und in sehr engem, langen Zickzackstich an der Kante entlang nähen.

8 Nun die noch offenen Seiten mit engem, langen Zickzackstich schließen. Die darunterliegende Quernaht am Anfang schön zusammendrücken, so dass das Füßchen auch greift. Das Loch für den Kameriemen mit einer Öse verstärken. Jetzt Kamera hineinlegen, das Bändchen durchfädeln und fertig.

Hier kommt das Vögelchen!

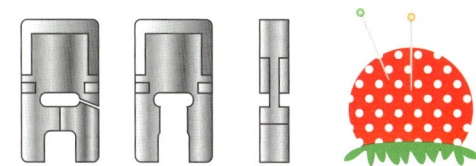

Buchhülle

WIR BENÖTIGEN:

• Außenstoff Baumwolle oder dünnes Wachstuch 42 x 24 cm (+ Nahtzugabe)
• Innenstoff Baumwolle 42 x 24 cm (+ Nahtzugabe)
• Applikation *Bücherwurm*
• 1 Zierstreifen 42 cm lang
• Rotes Vichy-Karo-Bändchen 30 cm lang als Lesezeichenbändchen
• 4 Streifen Klett-Haken 7 x 1 cm
• 4 Streifen Klett-Flausch 10 x 1cm

Schnittmuster siehe CD

Buchhülle

Immer nur hochintellektuelle Feuilleton-konforme Buchstabenkost zu konsumieren, läge Fräulein auf Dauer zu schwer im Magen, deswegen muss sie hie und da mal ein bisschen in seichter Literatur schwelgen. Öffentlich würde sie das natürlich niemals nicht zugeben. Aus-ge-schlossen! Aber gerade in der Bahn liest Fräulein gar schrecklich gern, um die Zeit totzuschlagen. Da würde sie sich nie entspannt zum Lesen zurücklehnen können mit einem in pastelligen Verläufen gehaltenen Buchcover, auf dem sich auch noch ein halbnacktes Liebespaar in zärtlicher Umarmung rekelt. Bredouille, Bredouille … Wie eine Tarnkappe umschmeichelt da die farbenfrohe, individuell verstellbare Buchhülle fortan Fräuleins Romane, und der Bücherwurm grinst das Gegenüber in der Bahn an und scheint zu flüstern: »Ich fresse mich gerade durch Faust II.«

❶ Den Außenstoff mittig zusammenklappen und den Knick durch Langstreichen festigen.

❷ Auf die Vorderseite des Außenstoffes im unteren Viertel einen Zierstreifen im Geradstich oben und unten aufnähen. Hier wird ein Streifen des Innenstoffes verwendet und an den Ober- und Unterkanten umgebügelt (denkbar wäre aber auch einfaches Schrägband).

❸ Das Vorderteil vom *Bücherwurm* ein bisschen nach links versetzt von der Mitte mit kleinem Zickzackstich auf der Vorderseite festnähen.

❹ Den Wurmpopo mittig auf der Hinterseite ebenfalls im kleinen Zickzackstich umfahren.

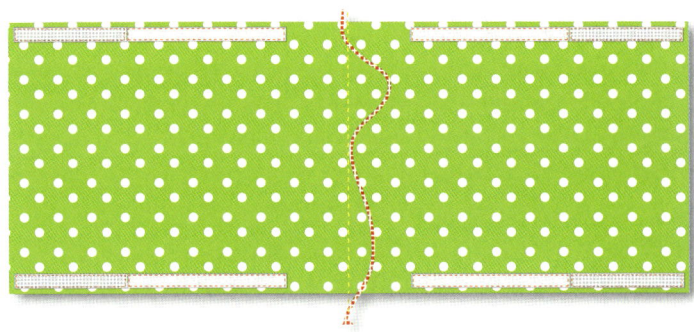

5 Beim Innenstoff an allen Außenkanten ca. 7 mm Rand lassen. Dann an der Außenkante jeweils die Streifen Klett-Haken (die kürzeren Stücke!) und daneben nach innen die Streifen Klett-Flausch aufnähen. Das Lesezeichenbändchen mittig auflegen.

6 Vorder- und Rückteil von Außen- und Innenstoff rechts auf rechts legen, dazwischen liegt noch das Lesezeichenbändchen, oben schaut es 5 mm heraus, ansonsten liegt es innerhalb der Nähte. Nun wird 5 mm vom Rand entlang, einmal im Geradstich ringsum genäht. Dabei auf der rechten Seite (später hinten) im oberen Drittel eine Wendeöffnung von ca. 8 cm lassen. Die Ecken im 45°-Winkel bis kurz vor die Naht abschneiden. Jetzt wird bequem gewendet. Die Ecken mit einem spitzen Gegenstand vorsichtig ausstülpen.

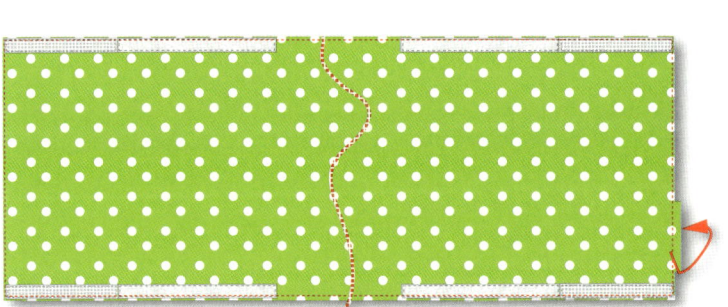

7 Die Wendeöffnung nach innen falten, gegebenenfalls einmal die Kanten vorsichtig und nicht zu heiß (Das Klett könnte anschmelzen!) platt bügeln. Dann mit einem Reißverschlussfüßchen ganz nah am Rand im Geradstich entlangnähen; dabei Vorsicht, nicht das Lesezeichen unten mit annähen. Über Klett-Haken nähen bringt manchmal Fadenreißfrust, aber es lohnt, denn danach ist die Buchhülle schon fertig!

Ein Taschenbuch schnappen und ein (klett)klappen!

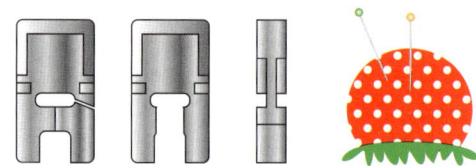

Schlüsselverstecker

Schlüsselverstecker

Eine große Handtasche ist ja ein ganz eigenes Universum mit eigenen Gesetzen; die der Erde sind dort vorübergehend außer Kraft gesetzt. Die Schwerkraft zum Beispiel: Dinge im Inneren der Tasche scheinen mitunter zu schweben und sich auszudehnen. Aber es gibt auch Neubildungen von Lebensformen, unter anderem, wenn ein angeschnäuztes Taschentuch sich spontan mit einem seiner Hülle entsagten Kaugummi verbindet. Urplötzlich können sich Dinge auch buchstäblich in Luft auflösen ..., und das passiert Fräulein natürlich immer genau dann, wenn sie an der Kasse ihren Geldbeutel sucht oder vollbepackt vor der Tür stehend ihren Schlüssel. Dank Fräulein Mohni hat zumindest das ein Ende, ihre kompakte Form ist immer blitzschnell erfühlbar.

WIR BENÖTIGEN:

• Roten 2-mm-Filz ca. 12 x 20 cm
• Grünen 1,5-mm-Filz ca. 7 x 10 cm
• Grünen 3-mm-Filz ca. 6 x 23 cm
• *Fräulein Mohni* Applikation
• *Fräulein-Mohni*-Webband 40 cm lang (siehe Shop-Adressen S. 95)
• 1 Schlüsselring
• Durchsichtiges Maschinennähgarn
• Papierklammer, Kleberoller

Schnittmuster siehe CD

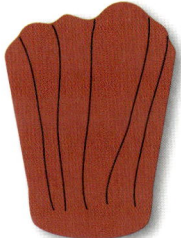

❶ Mit schwarzem Garn, versenktem Transporter und offenem Nähfüßchen Linien auf die beiden roten Filzstücke nähen. Wer kein solches Füßchen hat, kann auch ganz normal freie Linien aufnähen. Dabei darauf achten, dass das eine Stück »richtig« herum und das andere gespiegelt sein muss, so dass sie am Ende aufeinanderpassen.

❷ Jetzt an Vorder- und Rückteil des roten Filzstoffs mit durchsichtigem Maschinennähgarn in größerem Zickzackstich den grünen Blütenboden festnähen. (Das Garn ist manchmal widerspenstig, verknotet sich oder reißt, aber es ist die Mühe wert, denn es passt sich jeder Farbe an und das lästige Umfädeln fällt weg.)

❸ *Fräulein Mohni* in kleinem Zickzackstich (ruhig auch mit dem durchsichtigen Garn, das spart das Umfädeln und es wird sowieso gleich noch einmal gebraucht) umrundet.

❹ Alles, was nicht gewaschen werden muss, kann Frau der Einfachheit halber ruhig mal kleben. Auf der Rückseite bis kurz vor der Hälfte des *Fräulein-Mohni*-Webbandes mit dem Kleberoller entlangfahren.

❺ Das klebrige Webband mittig auf den grünen Filz-»Stempel« kleben. Den Schlüsselring durch das Band ziehen, festdrücken und das Ganze umdrehen.

❻ Den Kleber nun auch auf der anderen Seite aufrollen. Dabei den Schlüsselring nicht einkleben und ein Stückchen klebefrei lassen. Das Webband auch mittig auf der anderen Seite des »Stempels« festdrücken.

❼ Nun mit Geradstich (und auf jeden Fall durchsichtigem Garn) das Webband auf dem »Stempel« festnähen.

❽ Jetzt die Rückseite, den »Stempel« und die Vorderseite zusammenlegen. Den »Stempel« mit einer Papierklammer vorerst in seiner Mittelposition fixieren. Nun im Geradstich mit durchsichtigem Garn von oben bis kurz vor den »Stempel« zusammennähen, aber vorsichtig, so dass er nicht mit eingenäht wird. Die Klammer entfernen, alles auf den »Rücken« drehen und auch da bis zum »Stempel« zunähen. Dieser sollte nun nach oben und unten verschiebbar sein. Die Schlüssel an den Schlüsselring hängen.

Fertig ist der Schlüsselverstecker.

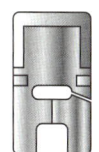

Krawattentasche

Krawattentasche

Fräulein hat ja auch immer ein offenes Ohr für die Belange und Nöte ihres Liebsten. Muss er beruflich doch viel reisen und Krawatten anlegen, eine Verbindung, die manchmal einengt und knittert, nicht gut für einen professionellen Auftritt in einer anderen Stadt. Da hat Fräulein sich eines Nachts hinter ihre Nähmaschine gesetzt und dem Liebsten ein Krawattentäschlein gezaubert. Nun kann er seine Seidenkrawatten für die Fahrt ordentlich in seine Tasche falten und am Bestimmungsort unversehrt entnehmen.

❶ Die Krawattenform mittig auf das vordere graue Filzstück legen und knappkantig mit Geradstich festnähen. Die weißen »Hemden-ecken« ebenso annähen.

❷ Nun die beiden kleinen Knöpfchen mit der Hand an die »Kragen-enden« nähen.

❸ Den Reißverschluss unter das Vorderteil legen und knappkantig im Geradstich festnähen. Das Ganze nun um 180° drehen.

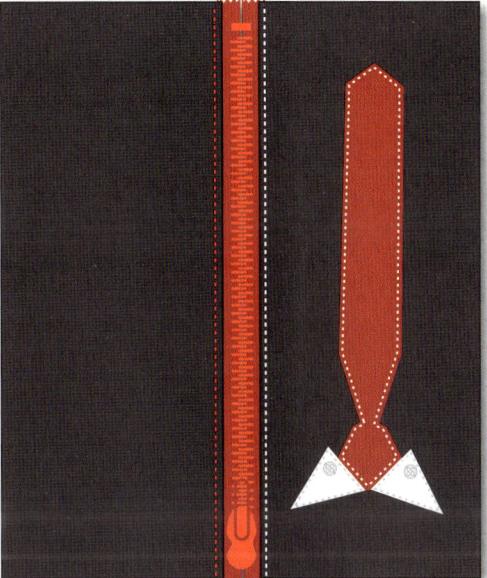

4 Das zweite graue Filzstück jetzt auf gleicher Höhe am Reißverschluss anlegen und ebenfalls im Geradstich knappkantig entlangnähen. Gegebenenfalls überstehende »Schwänzchen« des Reißverschlusses abschneiden. Links auf links zusammenklappen.

5 Im Geradstich die rechte Seite knappkantig bis zur Ecke nähen, dann die Nadel versenken, um 90° drehen. Die lange Seite bis zur Ecke entlangnähen, wieder Nadel versenken, nochmals um 90° drehen und bis zum Ende nähen.

Das macht einen tadellosen Eindruck.

Spiegelreflex-kameratasche

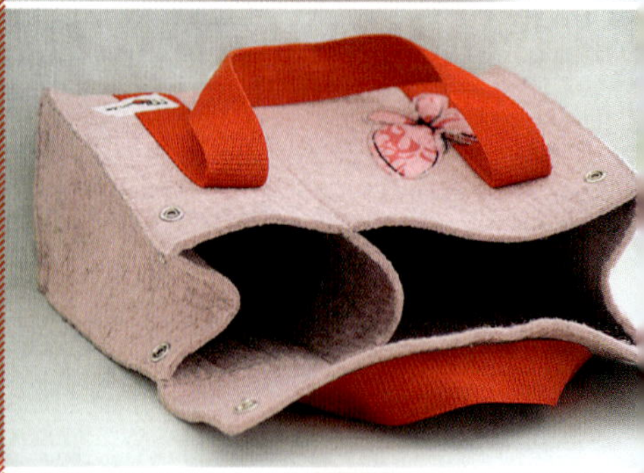

WIR BENÖTIGEN:

- Rosa 3-mm-Filz 26 x 90 cm
- Schmetterling-Aufnäher
- Gurtband 155 x 3 cm
- 4 Jersey-Druckknöpfe
- 2 Papierklammern, Stecknadeln, Kreidestift
- Eventuell durchsichtiges Maschinen-nähgarn

Schnittmuster siehe CD

Spiegelreflexkameratasche

Warum sind tolle technische Gerätschaften nur oft so unhandlich und schwer, fragt sich Fräulein immer dann, wenn sie sich ihre Spiegelreflexkamera nebst Objektiv schnappen möchte, um hinaus in die Natur zu schwirren und zu photographieren. Sie war schon in vielen Elektronikfachmärkten auf der Suche nach einer formschönen Tasche, aber was es da gab, war klobig, dunkel und so gar nix für Fräuleins. Um die Ausrüstung nicht dauernd in der Handtasche transportieren zu müssen, wo sie viel zu leicht verkratzt, hat sie sich eine kompakte Tasche mit natürlicher Filzpolsterung genäht, so geht ihr das »Knipsen« wieder leicht von der Hand. Oft erwischt sie sich, wie sie dieses Täschlein auch einfach ohne Equipment ausführt, nur so zum Spaß.

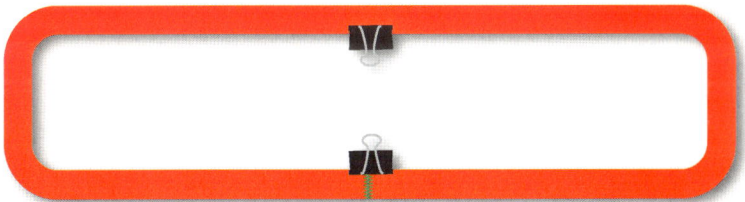

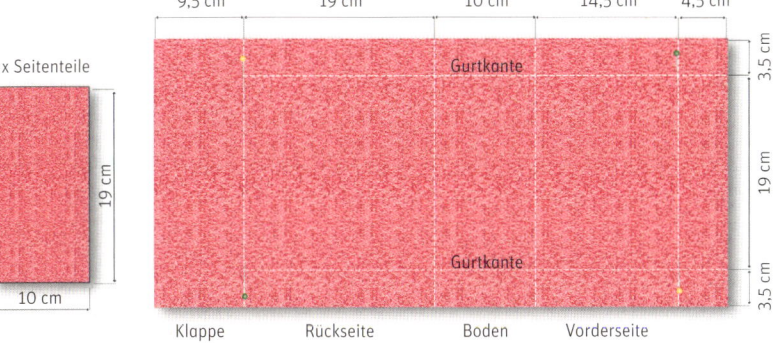

❶ Das Gurtband an den Enden vorsichtig mit einer Flamme anschmelzen und versiegeln (Achtung, brennbar!). Als große Schlaufe hinlegen. Mit einer Papierklammer fixieren und dann mit langem, sehr engen Zickzackstich zusammennähen. Vorsicht an den geschmolzenen Kanten: Dort bricht die Nadel schnell ab, wenn direkt hineingenäht wird, hier genügend Abstand halten.

❷ Mit einem Kreidestift die Linien auf den Filz übertragen. Da die Klappe der fertigen Tasche teilweise unter dem Tragegurt liegt, kann dieser nicht bis zur Außenkante angenäht werden. An der Klappenseite bei 9,5 cm und an der Vorderseite bei 4,5 cm mit Stecknadeln markieren, bis wohin nur genäht werden darf.

❸ Den Gurt auflegen. Die Mitte jeweils zur besseren Positionierung mit zwei Papierklammern markieren. Diese sollten nun mittig im Bodenfeld liegen und an den 3,5-cm-Kanten links und rechts liegen. Mit Geradstich den Gurt auf dem Filz festnähen. Unbedingt nur bis zu den Stecknadelmarkierungen nähen. Die Kreidemarkierungen mit Filzrestchen wegwischen.

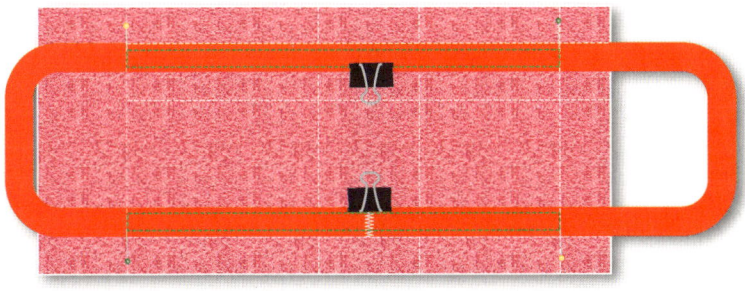

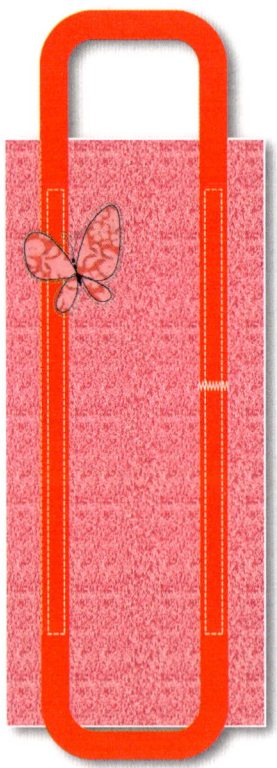

❹ Den *Schmetterling*, am besten mit durchsichtigem Garn, im Geradstich aufnähen. Das Ganze auf die linke Seite drehen.

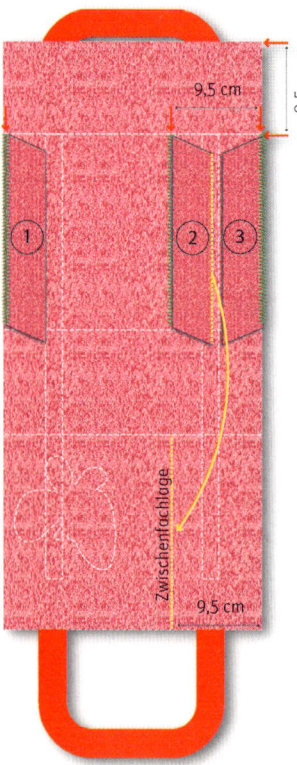

9,5 cm

9,5 cm

Zwischenfachlage

9,5 cm

❺ Die drei Seitenteile jeweils an einer Seite mit langem, engem Zickzackstich an der Rückseite festnähen. Nr. 1 und Nr. 2 an der linken Seite und Nr. 3 an der rechten Seite. Nun kommt der knifflige Teil: Die andere Kante von Nr. 2 muss an der gegenüberliegenden Vorderseite festgenäht werden. Unbedingt die Lage des Zwischenfachs 9,5 cm vom Rand mit dem Kreidestift markieren. Dann mit Stecknadeln fixieren. Das nun folgende »Gewurschtel« lohnt sich aber, ehrlich! Das Zwischenfach ganz fest nach unten drücken und das rechte Seitenteil wegbiegen, so dass auch genügend Platz zum Rangieren mit dem Nähfüßchen bleibt. Gut festhalten, sonst gibt es auf der Vorderseite eine schiefe Naht! Mit langem, engem Zickzackstich festnähen. Die untere Kante des Zwischenfachs wird nicht angenäht. Nun ganz entspannt das linke und rechte Seitenteil festnähen.

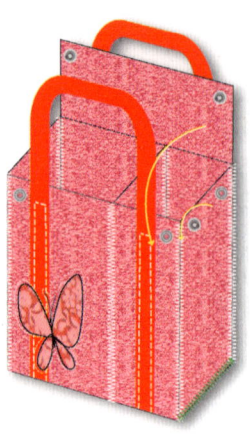

❻ Anschließend die beiden unteren Nähte links und rechts mit Zickzackstich schließen, dafür die Tasche zur Seite drücken, so dass das Nähfüßchen auch greifen kann. Zum Schluss werden die Druckknöpfe angebracht. An den Seitenteilen jeweils knapp am Rand »Nasen«-Teil und Gegenstück einzwicken, so kann die Tasche in der Tiefe verändert werden. In der Klappe ebenfalls ziemlich am Rand der oberen Kante die »Nasen«-Teile eindrücken. Dann für die Klappe mit den geschlossenen Seitendruckknöpfen die Position der Gegenstücke für den Klappenverschluss markieren und ebenfalls in den Filz zwicken.

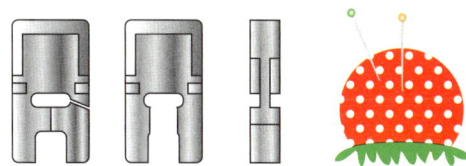

Kabeltasche

Kabeltasche

Kabelsalat, frischer Kabelsalat … Fräulein liebt ihren Laptop. Aber will sie, dass er sie unterwegs begleitet, muss sie immer so viel für ihn einpacken: das Stromkabel, dazu noch die Längenerweiterung (Fräulein weiß schließlich nie, wo die nächste Möglichkeit zum Anstöpseln ist), das Kartenlesegerät, das Ladekabel für den werten MP3-Player, die kleine portable Wechselfestplatte. Manchmal hat sie Angst, sie müsste für all die Sachen eine Extrafahrkarte lösen. Wenn die Kabelwürmer dann auch noch in der Handtasche ihr Unwesen treiben, ist Verknoten an der Tagesordnung, eigentlich … Doch neuerdings hat Fräulein eine geräumige Kabeltasche. Diese ist aus dickem Filz, der polstert und schützt, außerdem schafft das praktische Zwischenfach Übersicht.

WIR BENÖTIGEN:

- Grauen 3-mm-Filz ca. 25 x 45 cm
- Orangenen 2-mm-Filz ca. 7 x 12 cm
- *Fräulein Orangine* Applikation
- 1 Reißverschluss 25 cm
- Klettband ca. 27 x 2 cm
- Eventuell durchsichtiges Maschinennähgarn
- Falzbein

Schnittmuster siehe CD

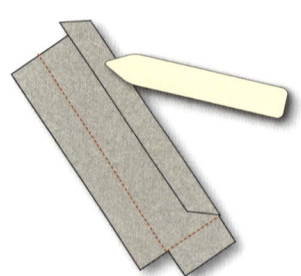

❶ Den Flausch-Klett-Streifen in Höhe und Breite mittig auf dem Filz zentriert im Geradstich aufnähen.

❷ Die drei Flügel nach innen umknicken und mit dem Falzbein zum Festigen kräftig darüberstreichen.

❸ Auf die Flügel des Zwischenfachs jeweils ein Stück Klett-Haken im Geradstich sehr knappkantig aufnähen.

❹ Die (noch) leere Orangenscheibe mit längerem Zickzackstich umrunden. Mit sechs durchgehenden Zickzacknähten ca. alle 60° die einzelnen Segmente einer Orange imitieren. Das *Fräulein Orangine* mit kleinerem Zickzackstich auf der Orange festnähen.

❺ Den Reißverschluss unter den Filz legen und knappkantig im Geradstich auf der einen Seite festnähen.

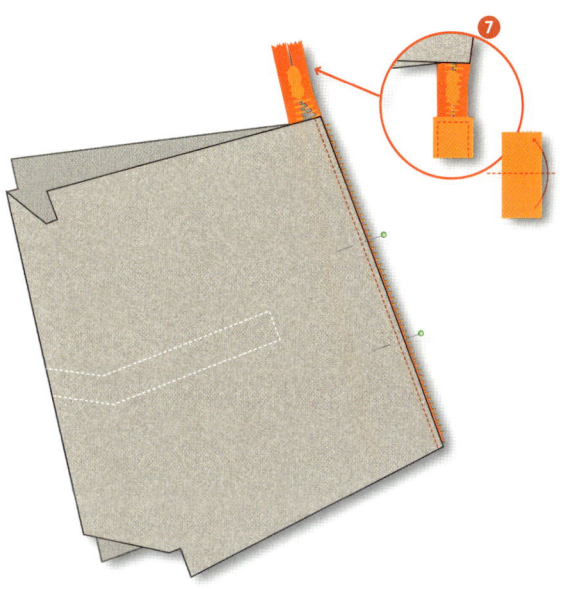

6 Nun wird es ein wenig knifflig: Die andere Reißverschlussseite muss am gegenüberliegenden Filzende angebracht werden. Am besten den Reißverschluss vorher einmal ganz schließen und die Position mit Stecknadeln fixieren. Dann vorsichtig ganz öffnen und so legen, dass die Rückseite nicht mit angenäht wird. Im Geradstich die zweite Seite des Reißverschlusses annähen.

7 Wer möchte, kann, um das Ende des Reißverschlusses zu kaschieren, ein 3 x 5 cm großes orangenes Filzstück gefaltet darumlegen und im Geradstich festnähen.

8 Die Tasche bekommt ihre Tiefe, indem die Ecken der Aussparungen zur Mitte gefaltet werden. Das Ganze schön platt nach unten drücken und in sehr engem, langem Zickzackstich an der Kante entlangnähen.

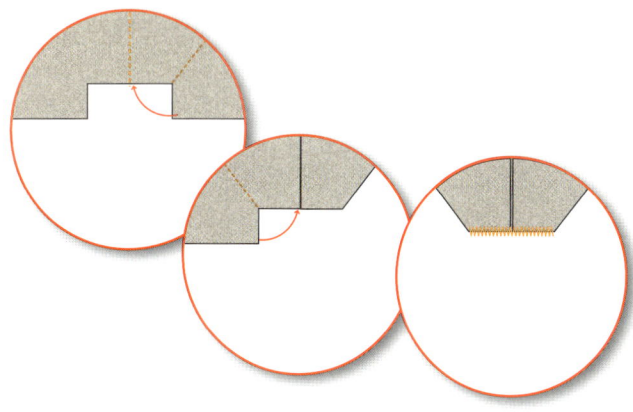

9 Nun die noch offenen Seiten mit langem, engem Zickzackstich schließen. Die darunterliegende Quernaht dabei am Anfang schön zusammendrücken, so dass das Füßchen auch greifen kann.

10 Das Zwischenfach nun noch in die Tasche einkletten. Schon kann eingeräumt werden.

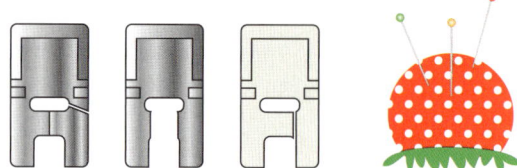

Laptoptasche

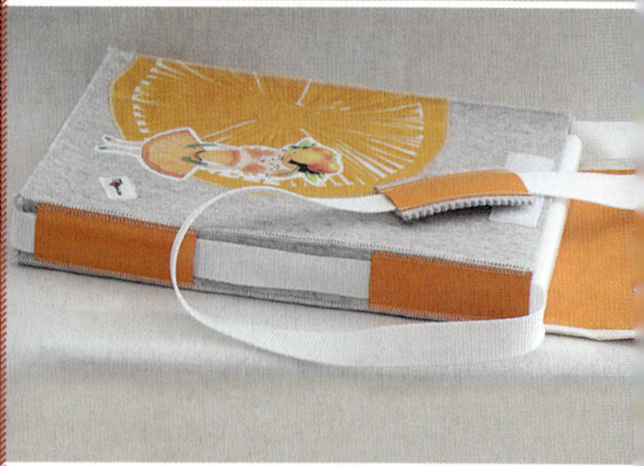

WIR BENÖTIGEN:

- *Grauen Filz für Taschenteile und Gurtpolster*
- *Orangene Plane für Taschenklappe und Seitenstreifen*
- *Orangenes Wachstuch für Orangenscheibe*
- *(Da der Schnitt je nach Gerätegröße variiert, gibt es keine Maßangabe für Filz, Plane und Wachstuch. Bitte erst beim eigenen Laptop ausmessen.)*
- *Fräulein Orangine Applikation*
- *Gurtband 190 cm lang und je nach Laptop/ Taschendicke 1,5 – 4 cm breit*
- *Klettband 20 cm lang*
- *Schrägband passend zur Klappe*
- *Papierklammern, Zackenschere*

Schnittmuster siehe CD

Laptoptasche

Was ist das? Es wiegt so viel wie zwei Wassermelonen, ist in etwa genauso »handlich«, schneidet nach kurzer Zeit ins Schulterfleisch und ist hässlich wie die Nacht? Richtig, eine handelsübliche Laptoptasche. Das so was nix fürs Fräulein ist, könnt ihr euch sicher denken. In eine Laptoptasche sollte nicht der halbe Kofferinhalt verstaut werden, sonst wird der Bildschirm auf Dauer durch den Druck, der auf ihm lastet, in Mitleidenschaft gezogen. Bequem muss sie, auch im gefüllten Zustand, über der Schulter getragen werden können und last but not least sollte sie auch was fürs Auge sein. Solche »strengen« Fräuleinkriterien erfüllt dieses Laptoptäschchen par excellence.

1 Die Taschenklappe mit Schrägband einfassen, bei den Kurven ruhig ein bisschen ziehen, so dass sich das Band auch an die Ecken schmiegt. 1,5 cm von der Unterkante entfernt den Klett-Haken-Streifen aufnähen.

2 Das Gurtpolster aus Filz an den Längsseiten mit der Zackenschere abschneiden. Mittig einen der sechs Planenstreifen auflegen und an den Längsseiten mit Geradstich aufnähen.

3 Das kurze Bodenstück auf eines der langen Seitenstücke legen und im langen, engen Zickzackstich zusammennähen. Beide Teile auseinanderklappen.

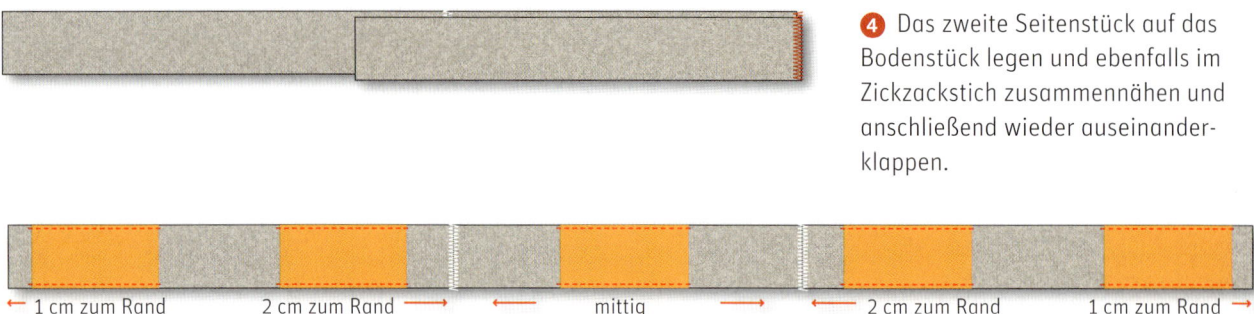

4 Das zweite Seitenstück auf das Bodenstück legen und ebenfalls im Zickzackstich zusammennähen und anschließend wieder auseinanderklappen.

← 1 cm zum Rand   2 cm zum Rand →   ← mittig →   ← 2 cm zum Rand   1 cm zum Rand →

5 Die Planenstücke jeweils an den Längskanten im Geradstich auf dem Filz festnähen.

6 Die Orangenscheibe auf dem Filz plazieren und im Zickzackstich auf dem Filz festnähen. Das *Fräulein Orangine* ebenfalls im Zickzackstich aufnähen. Den Klett-Flausch-Streifen mittig ca. 1 cm vom Rand entfernt festnähen.

7 Die Taschenklappe ca. 3 cm mittig auf die Rückseite legen und mit Geradstich auf dem Filz festnähen. Anschließend umdrehen, so dass der Klettstreifen zu sehen ist.

8 Die Seitenteile mit Hilfe von Papierklammern auf der Rückseite fixieren. Mit langem, engen Zickzackstich an den drei Seiten festnähen. Eventuell muss an den Ecken immer wieder neu angesetzt werden, da es je nach Filz schwierig sein kann, in einem Rutsch um die Ecken zu nähen. Um besser sehen und nähen zu können, die Seitenteile einfach kräftig zur Seite biegen.

9 Die Vorderseite mit der applizierten Seite nach unten legen. Die Seitenteile auch hier mit den Papierklammern auf der Vorderseite fixieren. Diese »Runde« näht sich etwas schwieriger, geht aber auch, wenn ordentlich zur Seite gebogen wird.

10 Das Gurtband an den Enden vorsichtig mit einer Flamme anschmelzen und versiegeln (Achtung, brennbar!). Am einen Ende von links den Klett-Flausch-Streifen aufnähen und am anderen Ende von rechts den Streifen Klett-Haken. Das Gurtband durch die Schulterpolsterung und dann jeweils von links und rechts durch die Seitenschlaufen ziehen. An der Ecke zusammenkletten und diese Stelle unter die Bodenschlaufe schieben, so dass der Klettverschluss nicht aus Versehen aufgerissen werden kann.

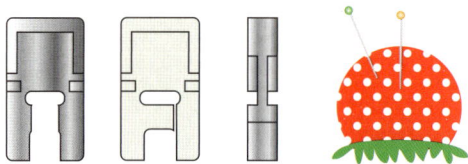

Schirmtasche

Schirmtasche

Regen macht die Erde nass, Fräulein liebt den Tropfenspaß. Ist sie aber unterwegs in der Stadt, wohin dann mit dem pitschenassen Schirm? Kleine Gratistütchen sind eine gern genommene Unterkunft, aber das ist weder hübsch noch praktisch, zumal wenn die aufgedruckte Farbe im nassen Zustand und bei Reibung in der Tasche auf Wanderschaft geht und nach kürzester Zeit der feuchte Schirm in der Plastiktüte zu muffeln anfängt. Eindeutig, dass eine Schirmtasche gebraucht wird. Unten offen, kann der Schirm schon mal anfangen zu trocknen, und ist sie zu Hause dann leer, wird sie so auch ruckzuck wieder trocken. Mit praktischem Haltebändchen kann sie außerdem prima am Handgelenk baumeln.

WIR BENÖTIGEN:

- Weiße Plane 30 x 30 cm
- *Mausmädchen* Applikation (oder *Mausmädchen*-Stickdatei)
- Gepunktetes Wachstuch 10 x 20 cm
- Gelbes Schrägband 110 x 2 cm
- Mäusewebband 70 cm (siehe Shop-Adressen S. 95)
- *Mausmädchen*-Aufnäher
- 1 Karabinerhaken 4 cm groß
- Schmales Ripsband 10 cm lang
- Klettband 8 x 2 cm und 5 x 2 cm
- Papierklammern, Kleberoller

Schnittmuster siehe CD

1 Da Plane eine sehr rutschige Angelegenheit ist und nicht mit Stecknadeln fixiert werden kann (Einstichlöcher kriegt man nicht mehr heraus ...), empfiehlt es sich zur kurzfristigen Fixierung auf dem Gewebe, auf die Applikation und die Klettstreifen hinten mit dem Kleberoller etwas Kleber aufzutragen. (Wer mag, kann auch die *Mausmädchen*-Stickdatei verwenden, sie ist 16 cm hoch. Dann wird zusätzlich 12 x 20 cm mehr Plane benötigt.)

2 Das *Mausmädchen* 4 cm von der Unterkannte auf der matten Seite des Taschenvorderteils plazieren und im kleineren Zickzackstich auf dem Untergrund festnähen. Den 5 cm langen Klett-Flausch-Streifen 5 mm zum oberen Rand im Geradstich festnähen.

3 Die beiden Wachstuchstücke aufeinanderlegen und mit Papierklammern gegen Verrutschen sichern. Mit Schrägband die Kanten einfassen, bei den Kurven ruhig ein bisschen ziehen, so dass sich das Band auch an die Ecken schmiegt. In der Oberkante das Ripsband als Schlaufe mit einfassen.

4 Die Klappe umdrehen und 1 cm zur Unterkante den 5 cm langen Klett-Haken-Streifen im Geradstich festnähen.

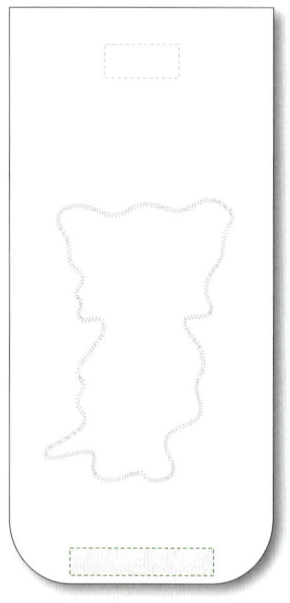

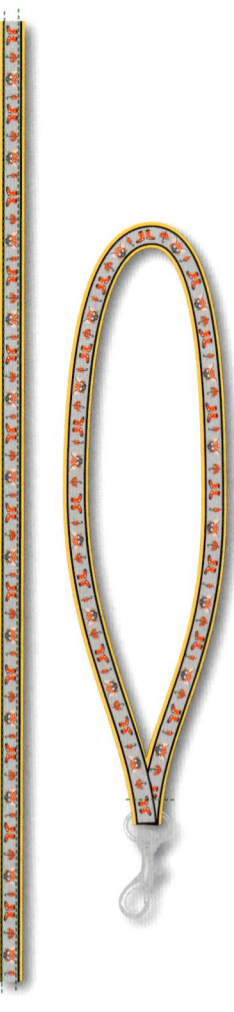

5 Die Vorderseite umdrehen und unten knappkantig den 8 cm langen Klett-Flausch-Streifen im Geradstich festnähen.

6 Auf die glatte Seite des hinteren Taschenteils unten knappkantig den 8 cm langen Klett-Haken-Streifen im Geradstich festnähen. Nun 1,5 cm zur Oberkante ein 5 cm großes Stück Mäusewebband im Geradstich festnähen. Das Schirmchen zeigt nach vorn.

7 Das restliche (65 cm lange) Mäusewebband im Geradstich auf dem Schrägband festnähen, am besten mit durchsichtigem Garn. Als Schlaufe legen, bei der die Figürchen oben liegen, die beiden Enden liegen unten aufeinander. Um den Karabiner-haken legen, etwas einklappen und mit Geradstich fixieren.

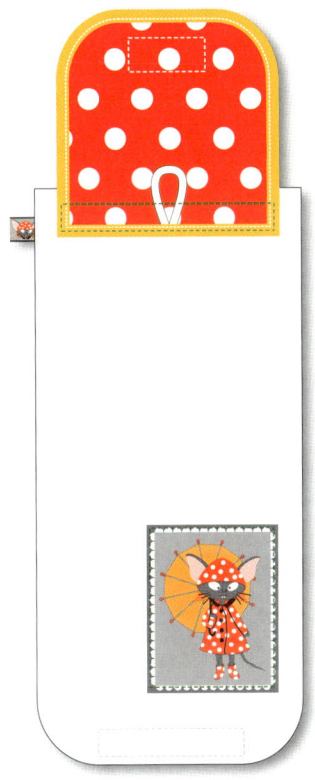

8 Die Klappe mittig 2 cm in die Plane ragend, erst festkleben und dann im Viereck mit Geradstich auf der matten Planenrückseite festnähen. Den *Mausmädchen*-Aufnäher 4 cm nach unten und 1,5 cm zum rechten Rand ebenfalls erst aufkleben und dann im Geradstich einmal umrunden.

9 Vorder- und Rückteil Kante auf Kante legen, mit Papierklammern vor Verrutschen sichern. Im Geradstich 5 mm zum Rand von oben bis zum Klett nähen, dort senkrecht einmal vor und zurück nähen, so dass die Naht beim Öffnen des Klettverschlusses nicht einreißt.

Fräulein geht aus

Haarschmuck

Haarschmuck

Gut, Fräulein war noch nie in Ascot zum Pferderennen, aber sollte sie überraschend dazu eingeladen werden (eher unwahrscheinlich), wäre sie gerüstet, ja-woll! Richtige Hüte sind oft teuer, sperrig (Wisst ihr, was solche überdimensionierten Hutschachteln an Übergepäck kosten?!) und schattig. Dies alles ist der zauberhaft leichte Haarschmuck nicht. Variabel in der »Anbringung« am Kopf ist er auch. Entweder wird ein einfacher Haarreifen durch die kleine Lasche gesteckt oder eine Haarklammer daran befestigt. Fräulein sitzt jetzt jedenfalls schon mal direkt neben dem Telefon und hofft, dass Prinz William sie einlädt, ihn wohlbeHÜTEt zum Spektakel zu begleiten …

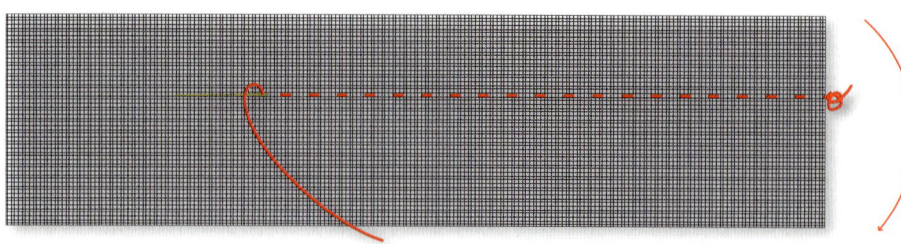

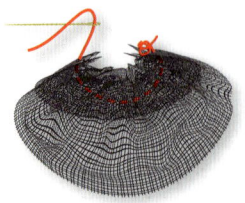

1 Das 15 x 60 cm große Tüllstück ca. 5 cm vom oberen Rand entlang per Hand mit Heftstich kräuseln. Zu einem Halbkreis zusammenziehen. Die kurze Seite nach vorn klappen und aufgefächert auf der Filzblume festnähen.

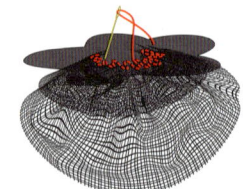

2 Die beiden Wachstuchstreifen in der Mitte links auf links knicken und im Geradstich die Halbierung fixieren.

3 Den 50 cm langen Wachstuchstreifen in 3 etwa gleichgroße Schlaufen legen und im Mittelpunkt, wo alle sich treffen per Hand zusammennähen. Nun auf dem Tüll festnähen.

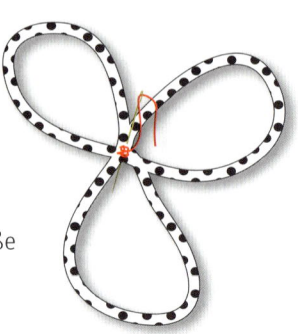

4 Ebenso mit dem 35 cm Wachstuchstreifen verfahren. Darauf achten, dass die kleineren Schlaufen ungefähr zwischen den großen Schlaufen liegen, für ein ausgeglichenes Bild.

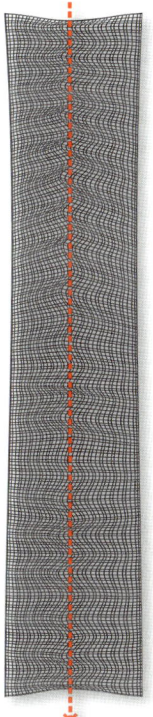

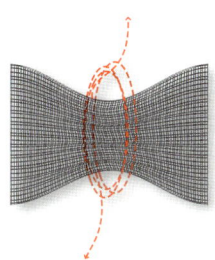

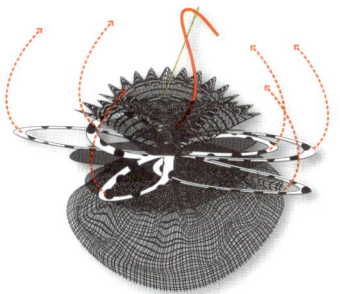

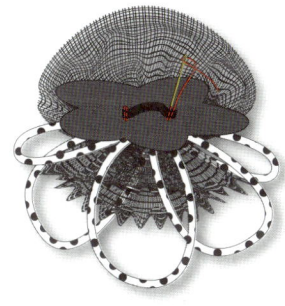

5 Den 10 x 60 cm Tüllstreifen der Länge nach raffen und in der Mitte mit Garn fest umwickeln, festzurren und verknoten. Das so entstandene »Schleifchen« mittig auf die Schlaufen legen und ebenfalls per Hand festnähen. Zum Ende kann eine Kombizange zum besseren Herausziehen und Hineinstecken der Nadel von Vorteil sein.

6 Alle Lagen schön auffächern und aufrichten, so dass ein voluminöses Teil entsteht. Das Ganze auf den Kopf drehen.

7 Auf der Unterseite den kleinen, schwarzen Filzstreifen an den Außenenden per Hand festnähen. Durch diese Öffnung wird dann wahlweise ein Haarreifen oder eine Haarspange gezogen.

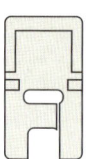

Schminktasche

Schminktasche

In Zeiten wo alles schnell gehen muss, hat auch Fräulein keine Stunde mehr Zeit fürs Schminken, auch wenn sie die gern hätte, denn sie liebt das »Malen« auf allen Untergründen. Fast die Hälfte der Zeit spart sie durch bessere ÜberSICHT auf ihr Equipment. Wühlte sie früher ziellos in dunklen Schminktaschen herum, auf der Suche nach DEM Lidschattentiegel, wirft sie jetzt nur noch einen kurzen, fast gelangweilten Blick auf die Tasche und sieht, er befindet sich im zwölften Planquadrat hinten rechts oben. Wenn sie mal fliegend auf Reisen geht, macht sich dieses Täschlein beim Anti-Terror-100ml-Flüssigkeiten-Check-Up auch prima, weil glasKLAR.

WIR BENÖTIGEN:
• Durchsichtige Tischdeckenfolie ca. 25 x 60 cm
• Schrägband 55 cm lang
• 1 Reißverschluss 18 cm
• Papierklammern

Schnittmuster siehe CD

1 Für dieses Täschlein braucht man unbedingt ein Teflonfüßchen. Es gleitet über die gummiartige Folie und klebt nicht, wie ein Metallfüßchen, auf der Folie fest.

2 Die Zwischenfächer oben mit Schrägband einsäumen.

3 Jeweils ein Zwischenfach passgenau auf eine Rückseite legen. Die Position mit Papierklammern sichern. Als Erstes parallel zum Taschenboden von Aussparung zu Aussparung nähen, dann mit 3 Geradstichnähten die Unterteilungen des Zwischenfachs nähen. Hier sind alle Fächer gleich, variabler wären allerdings unterschiedliche Größen. Aber bedenken, dass an den Seiten noch die Tiefe der Tasche wegzurechnen ist. Beim zweiten Taschenteil ebenso verfahren.

❹ Die Teile so hinlegen, dass die Einsteckfächer innenliegend sind. Den Reißverschluss unter die Folie legen, gegebenenfalls mit Papierklammern gegen Verrutschen sichern und dann im Geradstich festnähen. Den Füßchenanpressdruck nicht zu hoch einstellen, da sich die Folie sonst wellt.

❺ Das Vorder- und Rückteil rechts auf rechts klappen. Ein Stückchen Schrägband zur Schlaufe falten und zwischen die Folie legen, die offene Seite schaut ca. 1 cm an der Seite heraus. Die Lagen mit Papierklammern gegen Verrutschen sichern. Im Geradstich ca. 5 mm vom Rand entlang rechte Seite, Boden und linke Seite nähen. Überstehendes wird zurückgeschnitten. Die Reißverschluss- und Schrägbandenden zusätzlich mit Zickzackstich gegen Ausfransen sichern. Zum Schluss die untere Naht und die Seitennaht so aufeinanderlegen, dass ein Querschlitz entsteht. Diesen dann im Geradstich schließen, so entsteht die Tiefe des Täschleins. Nach außen wenden (ist bei der Folie etwas schwerer), und dann kann es befüllt werden.

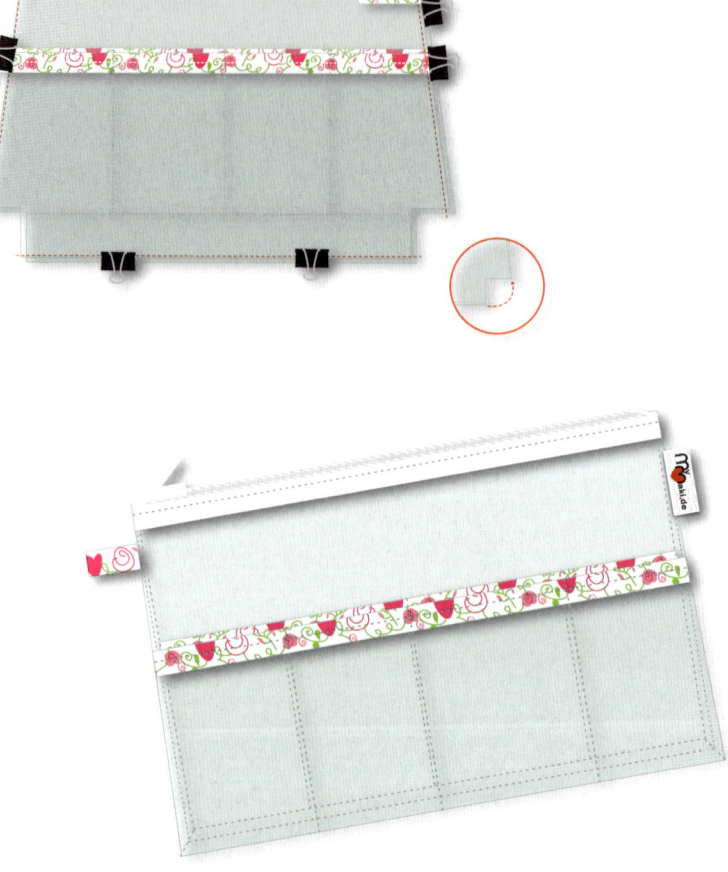

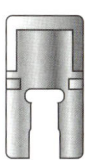

Portemonnaie

Portemonnaie

Im Urlaub gelingt es Fräulein ja manchmal sich zu beschränken, zum Beispiel auf maximal fünf ihrer 30 Paar Schuhe und zwei statt 20 Taschen. Und da im Ausland keine ihrer ungefähr 439 Rabattkärtchen Sinn macht, lässt sie die ebenfalls schön zu Hause, die sollen ja auch mal Urlaub haben ... Stattdessen führt sie lediglich kleinere Mengen Bargeld mit sich. Dafür braucht sie keinen großen Geldbeutel mit vielen Steckplätzen, sondern begnügt sich mit einem EinFACH-Portemonnaie. Das liegt schön in der Hand, weil aus Filz, und die große 10-cm-Öffnung erleichtert das Einsehen der Barschaft. Jetzt kann Fräulein ganz entspannt im Urlaub shoppen, und wenn der Inhalt des Portemonnaies alle ist, hört's halt auf.

WIR BENÖTIGEN:

- Weißen 2-mm-Filz ca. 15 x 30 cm
- 1 Metallbügel 10 cm breit
- 1 Velours-Magnolie (siehe Shop-Adressen S. 95)
- *Fräulein Magnolea* Applikation
- Rosa Stoffmalfarbe, Schwamm, Pappe, scharfen Cutter
- Zähnchenlose Zange
- 2 Reststücke 3-mm-Filz als Zangenpolster

Schnittmuster siehe CD

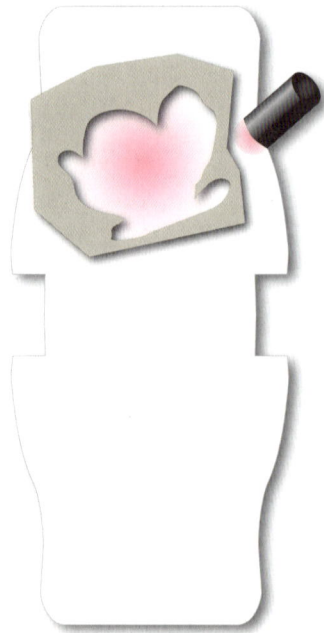

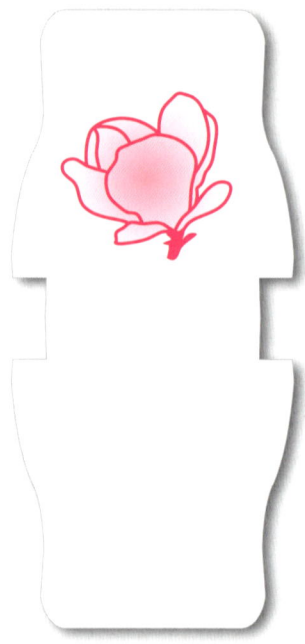

1 Die Vorlage der Magnolienform auf Pappe übertragen und mit dem Cutter ausschneiden, die Negativschablone dann auf den Filz der Portemonnaie-Vorderseite auflegen. Innerhalb dieser Fläche vorsichtig mit dem Schwamm wenig rosa Farbe nach und nach auftupfen. Gut trocknen lassen.

2 Zum Aufbügeln der Velours-Magnolie den Filz am besten auf ein Holzbrett legen. Nun die Blüte mit der durchsichtigen Trägerfolie nach oben auf der farbigen Fläche positionieren. Backpapier darüberlegen. 20 Sekunden mit mittlerem Druck auf Stufe 3 bügeln. Erkalten lassen. Trägerpapier vorsichtig abziehen, erneut ca. 20 Sekunden direkt nachbügeln.

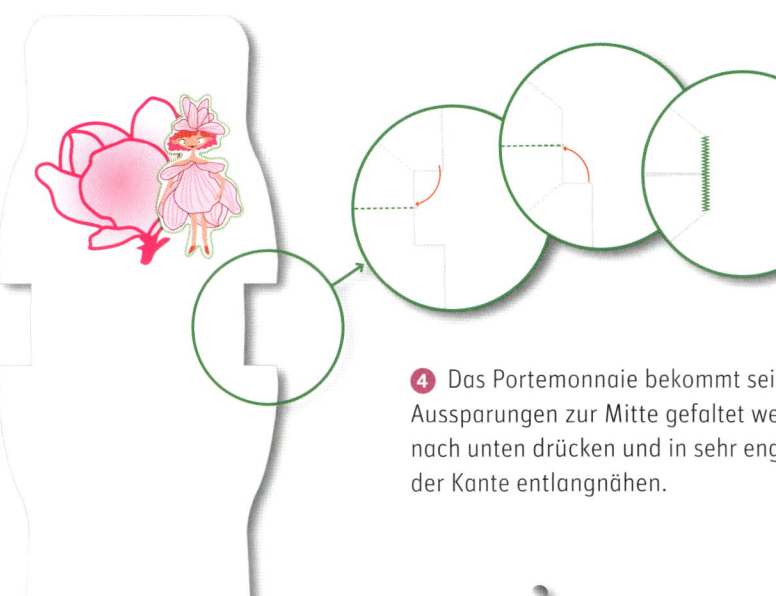

❹ Das Portemonnaie bekommt seine Tiefe, indem die Ecken der Aussparungen zur Mitte gefaltet werden. Das Ganze schön platt nach unten drücken und in sehr engem, langem Zickzackstich an der Kante entlangnähen.

❸ Das *Fräulein Magnolea* in nicht zu großem Zickzackstich auf dem Filz festnähen.

❺ Nun kommt der knifflige Teil: Der Metallbügel muss dauerhaft am Filz befestigt werden. Dafür den Filz in die eine Bügelseite schieben. Kurz vor dem Gelenk Filz und Bügel festhalten, den Filzrest um das Metall zum Schutz vor Dellen legen. Nun vorsichtig mit der Zange Stück für Stück zusammendrücken, aber nicht zu fest, da das Metall sonst Beulen bekommt. Allerdings auch nicht zu wenig, da der Filz sonst wieder aus dem Bügel rutschen kann. (Am Anfang braucht man ein wenig Geduld, um das richtige Fingerspitzengefühl zu bekommen, also nicht verzweifeln, wenn es nicht sofort geht!) Auf der anderen Seite ebenso verfahren.

❻ Um die Seiten des Portemonnaies zu schließen, beide Kanten genau aufeinanderlegen, gegebenenfalls kann der Filz auch ein bisschen in Form gezogen werden. Um möglichst nah zum Scharnier des Verschlusses zu nähen, ist ein offenes Nähfüßchen das beste. In engem, langem Zickzackstich bis kurz vor das Gelenk nähen, am Ende ein bisschen auf der Stelle, zur besseren Haltbarkeit. Die andere Seite genauso schließen.

Clutch

Clutch

Die Blicke, die Fräulein vom Liebsten erntete, als sie neulich zu einem romantisch aushäusigen Candle-Light-Dinner mit ihrer alles-verschlingenden Großhandtasche aufkreuzte, wollt ihr nicht gesehen haben. Die Tasche war ja sehr praktisch, um noch ein paar Stühle und Tische ungesehen aus dem Restaurant zu schmuggeln, aber zum Ausgehen taugte sie eher weniger. Die kleine Clutch, die Fräulein ihm wenig später präsentierte, fand dagegen sein Wohlwollen.

WIR BENÖTIGEN:

- Roten 2-mm-Filz ca. 25 x 35 cm
- 1 Metallbügel 20 cm breit
- 9 kleine weiße Blumenknöpfe
- *Fräulein Ling* Applikation
- Schwarzen Textilmalstift, Pappe
- Handnähnadel, Garn, scharfer Cutter
- Zähnchenlose Zange
- 2 Reststücke 3-mm-Filz als Zangenpolster

Schnittmuster siehe CD

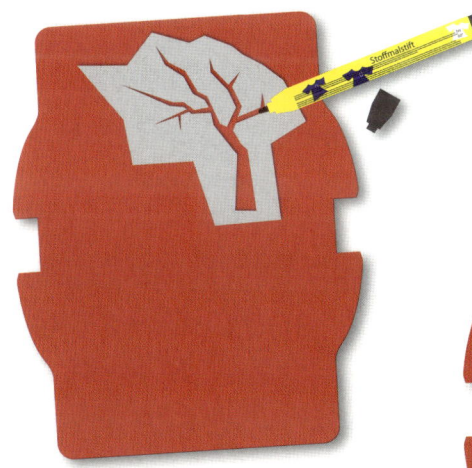

❶ Die Bäumchenvorlage auf eine Pappe übertragen und mit dem Cutter ausschneiden. Die Negativschablone nun auf der Clutch-Vorderseite des Filzstoffs plazieren und in den Frei-flächen nach und nach die schwarze Farbe auftragen, bis das Bäumchen an allen Stellen schön schwarz ist. Das Ganze gut durchtrocknen lassen, eventuell noch zur Fixierung bügeln, je nach Farbentyp.

❷ Das *Fräulein Ling* mit nicht zu großem Zickzackstich auf dem Filz festnähen.

❸ Die neun weißen Blumenknöpfe auf dem Filz verteilen. Vor dem Festnähen am besten mit etwas Alleskleber am Boden benetzen, aber dabei aufpassen, dass die Löcher nicht verstopfen, und aufkleben. Schön trocknen lassen. Dann per Hand jede Blume festnähen.

④ Die Clutch bekommt ihre Tiefe, indem die Ecken der Aussparungen zur Mitte gefaltet werden. Das Ganze schön platt nach unten drücken und in sehr engem, langem Zickzackstich an der Kante entlangnähen.

⑤ Nun wird es wieder knifflig, denn wie beim Portemonnaie muss der Metallbügel dauerhaft am Filz befestigt werden: Dafür den Filz in die eine Bügelseite schieben. Kurz vor dem Gelenk Filz und Bügel festhalten, den Filzrest um das Metall zum Schutz vor Dellen legen. Nun vorsichtig mit der Zange Stück für Stück zusammendrücken, aber nicht zu fest, da das Metall sonst Beulen bekommt. Allerdings auch nicht zu wenig, da der Filz sonst wieder aus dem Bügel rutschen kann. Auf der anderen Seite ebenso verfahren.

⑥ Um die Seiten der Clutch zu schließen, beide Kanten genau aufeinanderlegen, gegebenenfalls kann der Filz auch ein bisschen in Form gezogen werden. Um möglichst nah zum Scharnier des Verschlusses zu nähen, ist ein offenes Nähfüßchen das beste. In engem, langem Zickzackstich bis kurz vor das Gelenk nähen, am Ende ein bisschen auf der Stelle, zur besseren Haltbarkeit. Dann die Clutch drehen und die andere Seite genauso schließen.

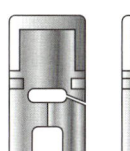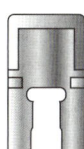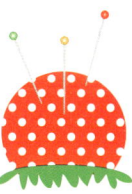

Tote-Bag

Tote-Bag

Lebensmittel einkaufen zählt nicht gerade zu Fräuleins Lieblings-disziplinen. Da sie aber sehr gern frische und leckere Sachen isst, kommt sie nicht umhin, eben diese aus dem Supermarkt nach Hause zu schaffen. Sie muss sich immer durch gefühlte tausend labyrinth-artige Gänge schlängeln und bekommt beim Anstehen an der Kasse den Wagen des Hintermannes direkt in die Ferse gerammt. Das Gekaufte dann auch noch in einer unschönen Plastiktüte nach Hause zu schleppen, wäre zu viel des Guten. Die fröhlich bunte Tote-Bag hat einen aus Wachstuch gefertigten Boden und kann daher auch ein paar Minuten unbeschadet auf dem feuchten Gehweg stehen.

WIR BENÖTIGEN:
- *Außenstoff Baumwolle 80 x 40 cm*
- *Futterstoff Baumwolle 80 x 40 cm*
- *Bodenstoff dünnes Wachstuch 40 x 40 cm*
- *Dünnes Volumenvlies 80 x 40 cm*
- *Zackenlitze 40 cm lang*
- *Gurtband 160 x 3 cm*
- *Fräulein Letterschming Applikation*
- *Schmetterling-Aufnäher*
- *Papierklammern, wasserfesten Stift*
- *Seidenpapier, Handsticknadel, Stickgarn*

Schnittmuster siehe CD

❶ Den Schnörkel nach der Vorlage mit einem wasserfesten Stift auf Seidenpapier übertragen und auf der oberen Hälfte des Außenstoffvorderteils mit Stecknadeln fixieren. Nun mit Stickgarn per Hand im Steppstich die Schnörkel nachsticken. Anschließend vorsichtig das Seidenpapier wegreißen.

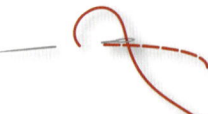

❷ Den Bodenstoff unten bündig auf den Außenstoff legen. Auf dem Vorderteil im Geradstich und dem Rückteil in größerem, nicht zu engen Zickzackstich an der Oberkante festnähen. Auf dem Vorderteil dann direkt auf der Kante im Geradstich die Zackenlitze aufnähen. Das *Fräulein Letterschming* und den *Schmetterling* ebenfalls im Geradstich knappkantig aufnähen.

❸ Den Futterstoff rechts auf rechts auf den Außenstoff legen, bündig über das Stück Volumenvlies. Die
drei Lagen oben im knappkantigen Geradstich
zusammennähen. Die Kanten der Lagen mit ein paar
Papierklammern fixieren. Dann den Futterstoff nach
hinten klappen und an der Oberkante nochmals
knappkantig im Geradstich entlangnähen.

❹ Das Volumenvlies mit ca. 1 cm Überstand
ringsum zurückstutzen. Das Gurtband an den
Enden mit einer Flamme anschmelzen (Vorsicht,
brennbar!) und versiegeln. Dann jeweils mit 6 cm
zur seitlichen Außenkante und 4 cm zur oberen
Außenkante im Geradstich durch alle 3 Lagen
hindurch festnähen. Bei Vorder- und Rückteil
ebenso verfahren.

❺ Das Vorder- und Rückteil rechts auf rechts legen. Die vielen Lagen mit größeren Papierklammern gegen Verrutschen sichern. Wer eine Overlockmaschine zur Verfügung hat, kann in einem Schritt nähen. Alle anderen müssen erst im Geradstich ca. 1 cm vom Rand entfernt entlangnähen, Überstehendes auf 5 mm zurückschneiden und dann mit Zickzackstich versäubern. Erst die rechte, danach die linke, und dann die untere Seite. Zum Schluss die untere Naht und die Seitennaht so aufeinanderlegen, dass ein Querschlitz entsteht. Dabei darauf achten, dass alle Lagen gefasst werden. Den Schlitz dann in gleicher Weise wie die langen Kanten schließen, so entsteht die Tiefe des Beutels. Alles nach außen wenden.

Ausgehfertig ist die Tote-Bag!

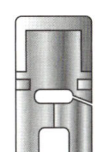

Handtasche

Handtasche

Über die perfekte Handtaschengröße kann gestritten werden. Fräulein ist da auch zwiespältig, sie mag kleine übersichtliche Täschchen, die auch mal ohne Schulterweh längerfristig am Stück getragen werden können. Ihr Nachteil: Es passt nicht so viel rein, wie Fräulein manchmal braucht. Im Gegensatz dazu bieten überdimensionierte Mega-Shopper zwar viel Platz, neigen aber zu Innenraumchaos. Und nach spätestens einer halben Stunde der Pein auf den Schultern muss sie der Liebste schleppen; das gibt Punktabzug in der Haltungsnote. Der Kompromiss ist eine mittelgroße Handtasche, in die nicht ALLES hineinpasst, aber Frau muss sich ja auch mal beschränken lernen.

WIR BENÖTIGEN:

- Dunkelgrauen 1,5-mm-Filz 40 x 65 cm für außen
- Dunkelgrauen 1-mm-Filz 40 x 65 cm für innen
- 2 Stücke Gurtband je 61 x 2,5 cm
- Klettband 4,5 cm lang
- 4 Veloursblumen (siehe Shop-Adressen S. 95)
- Fräulein Ling-Aufnäher
- Schmales Pünktchenripsband 27 cm lang
- Papierklammern, Backpapier

Schnittmuster siehe CD

❶ Auf den Verschlussriegel mittig mit etwas Abstand nach unten den Streifen Klett-Haken im Geradstich annähen.

❷ Das Außenteil hinlegen, darauf an Ober- und Unterkante jeweils einen Henkel, nach innen liegend und mit etwas über den Rand hinausschauenden Enden plazieren. Den Verschlussriegel mit dem Klett-Haken-Streifen nach oben zeigend, ebenfalls nach innen liegend und etwas über den Rand nach außen ragend plazieren. Darauf an allen Seiten bündig das Innenteil legen. Gegen Verrutschen mit Papierklammern an den Seiten sichern. Nun an Ober- und Unterkante mit Geradstich alle Lagen zusammennähen. Dann das Ganze umstülpen.

❸ Die Naht gut auseinanderziehen, so dass eine gerade Kante ohne Dellen an den Stellen entsteht, wo etwas innen eingenäht wurde. Diese Kanten zur Fixierung nochmals im Geradstich knappkantig am Rand entlangnähen. Das Pünktchenripsband ebenfalls im Geradstich festnähen. Den *Fräulein Ling*-Aufnäher im Geradstich auf dem Filz festnähen.

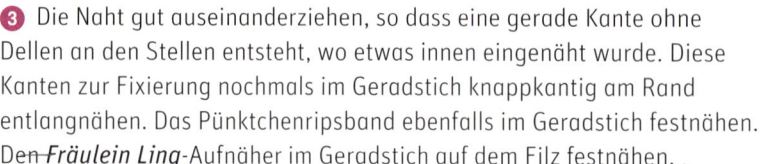

Fortsetzung Abbildung ❸: Den Klett-Flausch-Streifen mittig 2 cm von der Oberkante entfernt festnähen. Nun die Veloursblumen auf der Vorderseite und dem Verschlussriegel plazieren und aufbügeln. Zum Schutz etwas Backpapier darüberlegen. Nicht zu sehr drücken, da sonst der Verschlussriegel aus den Rändern quillt. Auf den Rücken drehen.

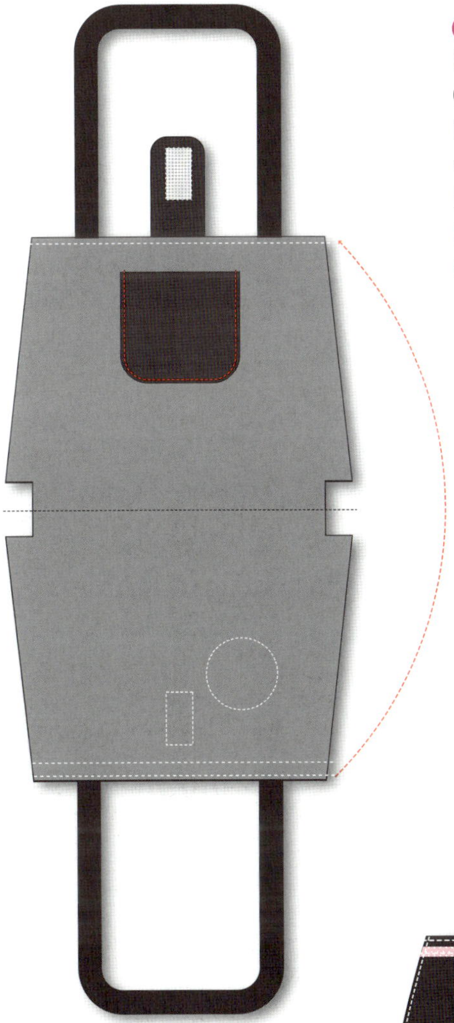

❹ Das Filzstück für die Innentasche mittig 3 cm zur Oberkante auf den Innenteil-Filz legen und im Geradstich einmal umfahren, oben offen lassen. Die Tasche nun links auf links legen, die Oberkanten liegen bündig aufeinander.

❺ Mit Papierklammern oben gegen Verrutschen sichern. Jetzt im Geradstich ca. 5 mm vom Rand entfernt entlangnähen. Erst die rechte, danach die linke Seite. Zum Schluss die unterste Ecke und die Seitennaht so aufeinanderlegen, dass ein Querschlitz entsteht (darauf achten, dass alle Lagen gefasst werden) und diesen dann im Geradstich schließen. So entsteht die Tiefe der Tasche.

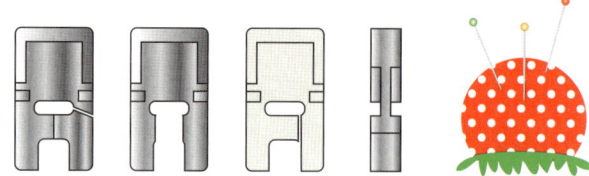

Geldbeutel

Geldbeutel

Gehört ihr auch zu den Jägern und Sammlern von (Rabatt)Kärtchen? Fräulein ist da ganz groß drin. Die Karte vom Kaufhaus, vom Möbelmarkt, von diversen Kleidungsgeschäften, die für die Bahn, für die Apotheke, die Tankstelle, die Videothek, den Fitnessclub, die Bücherei, das Kaffeehaus und die für alles andere… Um den Überblick im Kartendschungel zu behalten, ist ein Geldbeutel mit Kartensteckplätzen sehr praktisch. Außerdem hat dieser hier eine Fotoeinstecktasche auf dem Kleingeldfach; und in das große Geldscheinfach passt sogar noch der Personalausweis.

WIR BENÖTIGEN:

- Blaues dünnes Wachstuch ca. 15 x 120 cm
- Baumwollstoff ca. 22 x 25 cm
- *Fräulein Ling* Applikation
- 1 Reißverschluss 12 cm
- Klettband ca. 3 x 2 cm
- Schrägband 20,5 cm lang
- Durchsichtige Tischdeckenfolie 4,5 x 6 cm
- Papierklammern

Schnittmuster siehe CD

❶ Eine Lage Wachstuch einmal kurz in der Mitte knicken, dann wieder auffalten und in der rechten Hälfte den Zierstreifen aus dem Baumwollstoff plazieren. Links und rechts mit einer Zickzacknaht auf dem Wachstuch fixieren. Darauf das *Fräulein Ling* legen (nicht zu knapp am Rand, da am Schluss noch ein Schrägband aufgenäht wird) und mit kurzem, engem Zickzackstich umrunden. 5 mm vom rechten Rand mittig den Streifen Klett-Flausch auflegen und im Geradstich festnähen.

❷ Für das Kleingeldfach das Wachstuchstück und das Baumwollstoffstück rechts auf rechts legen und oben knappkantig im Geradstich entlangnähen. Wieder aufklappen und links auf links legen, der Stoff ist vorn und das Wachstuch hinten.

❸ Den Reißverschluss an die geschlossene Kante des Kleingeldfaches legen und knappkantig im Geradstich festnähen. Das kleine Folienstück etwas schräg auf den Stoff legen und an drei Seiten mit Zickzackstich fixieren.

❹ Das Kleingeldfach so auf die Geldbeutelvorderseite legen, wie es später sitzen soll, an den Außenkanten bündig. Den Reißverschluss dabei so nach hinten falten, wie er später liegen würde, wenn er festgenäht ist. Die Position mit zwei Papierklammern fixieren, weil sonst die Naht schief wird. Mit Geradstich nicht zu knapp am Reißverschluss entlangnähen. (Er lässt sich sonst später schwerer öffnen.) Das Kleingeldfach »zuklappen«.

❺ Ein »leeres« Wachstuchstück rechts auf rechts auf die fertiggestellte Vorderseite des Geldbeutels legen. Oben mit Geradstich entlangnähen. Dabei Vorsicht: Die Reißverschlussenden sind oft mit Plastik versiegelt. Wenn über diese Stelle unbedacht hinweggerattert wird, bricht schnell die Nadel ab. An dieser Stelle zur Verstärkung noch einmal vor und zurück nähen. Die beiden Stoffe wieder auseinanderfalten, so dass sie links auf links liegen.

❻ Die beiden Stücke für den Verschluss rechts auf rechts legen und mit knappkantigem Geradstich zusammennähen. Die eine kurze Seite bleibt offen. Die Ecken im 45°-Winkel bis kurz vor die Naht abschneiden. Nun das Ganze wenden, das ist etwas fummelig, aber zu schaffen! Die Ecken mit einem spitzen Gegenstand vorsichtig ausstülpen. Den Klett-Haken-Streifen auf die Wachstuchseite auflegen, nahe der kurzen geschlossenen Seite. Mit Geradstich festnähen.

7 Die fünf Kartenfachstreifen jeweils an der Oberkante ca. 6 mm nach hinten umklappen und mit einer knappkantigen Geradstichnaht fixieren. Ein »leeres« Wachstuchstück bildet die Basis. 2,5 cm von der Oberkante wird der erste Stoffstreifen aufgelegt. Die in Kartenhöhe zugeschnittene Pappschablone aus der Vorlage wird mit so viel Überlappung nach oben plaziert, wie später die Karten aus dem Fach herausschauen sollen, und mit Papierklammern gegen Verrutschen gesichert. Mit dem Reißverschlussfüßchen direkt an der unteren Pappkante im Geradstich entlangnähen. Nun zur Abstandsausrich-

tung für die verbleibenden Streifen schindelartig im Wechsel Wachstuch- und Stoffstreifen auflegen, dabei muss der letzte Stoffstreifen unten bündig zur Wachstuchbasis liegen. Jetzt die Oberkanten zueinander im gleichen Abstand ausrichten. Den Wert abmessen. Die untersten drei Streifen wieder herunternehmen. Auf den Wachstuchstreifen jetzt ebenso die Pappschablone anlegen und an der Kante entlangnähen. Die restlichen Streifen im ermittelten Abstand auflegen und ebenso festnähen.

8 Das letzte »leere« Wachstuchstück rechts auf rechts auf die Kartenfächer legen und oben knappkantig entlangnähen. Wieder auseinander falten.

9 Die Mitte mit Kreide markieren und dann im Geradstich durch alle Lagen hindurch festnähen.

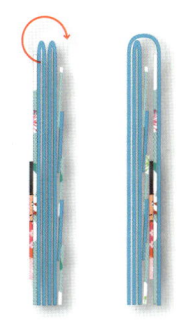

10 Die beiden Doppellagen so zusammenlegen, wie sie im fertigen Geld-beutel auch sind. Mit dem »Gesicht« zum Boden die Vorderseite mit *Fräulein Ling* und dem Kleingeldfach und darauf die Kartenfach-Doppellage legen. Auf gleicher Höhe wie den Klett-Flausch-Streifen auf der Vorderseite den Verschluss mit den Klett-Haken nach unten an der rechten Seite der Karten-fächer anlegen. Etwas zur rechten Seite überstehen lassen. Mit einer Papier-klammer fixieren. Nun die alleräußerste Einzellage (mit *Fräulein Ling* und dem Kleingeldfach) nach vorn auf die Kartenfächer klappen.

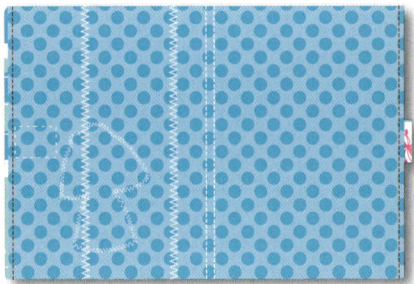

11 Die Wachstuchrückseite (Pünktchendarstellung) bildet jetzt die oberste Lage. Nun die rechte und linke Seite mit Geradstich schließen. Den Geldbeutel nach außen wenden. Die Ecken mit einem spitzen Gegenstand vorsichtig richtig ausstülpen und die Lagen in Form ziehen.

12 Die untere, offene Kante durch alle Lagen mit Geradstich schließen. Wieder Vorsicht bei den Enden des Reißverschlusses!

13 Das Schrägband mittig zusammenfalten (rechts auf rechts), die offenen Ränder bilden die obere Kante. Nun knappkantig an der kurzen rechten und linken Seite mit Geradstich zunähen. Den Streifen nach außen wenden.

14 Mit dem seitlich geschlossenen Schrägbandstreifen die offene Kante umschließen. Mit Geradstich durch alle Lagen festnähen. Fertig ist das Gesellenstück!

Shop-Adressen und Bezugsquellen

Daimer Filze
www.daimer-filze.de
info@daimer-filze.de
Dienerstr. (im Rathaus)
80331 München
Dort gibt es den besten Filz, den
ich kenne und mit dem ich arbeite,
in ganz wundervollen Farben und
Qualitäten.

DaWanda
www.dawanda.com
Auf dieser Internet-Plattform kann
man nicht nur tolle selbstgemachte
Sachen kaufen und verkaufen. Es
gibt außerdem, was das Herz begehrt
an Näh- und Bastelzubehör (unter
anderem auch Stickserien, Stoffe,
Webbänder, Velours oder Stempel
nach meinen Entwürfen).

Farbenmix
www.farbenmix.de
info@farbenmix.de
In diesem wunderbaren Online-Shöpp-
chen findet man unter anderem auch
meine Webbänder, Stoffe und Velours,
darüber hinaus auch noch tolle
Schnitte, Knöpfe und Nähzubehör.

Frau Tulpe
www.frautulpe.de
info@frautulpe.de
Veteranenstr. 19
10119 Berlin
Toller Stoffladen mit besonderen
Schätzchen, z. B. von Kokka aus Japan,
Schrägbändern, Wachstüchern und
vielem mehr.

home of limetrees
www.limetrees.de
info@limetrees.de
Schwarzer Bär 6
30449 Hannover
Klasse Lädchen für Wachstuch, Plane,
Webbänder, Gurtbänder, Klettbänder
oder puppige Baumwollstöffchen,
z. B. von Michael Miller.

Kaufhäuser
mit Stoffabteilung gibt es ja leider
nicht mehr so viele, aber eine Tisch-
wäscheabteilung gibt es fast immer.
Dort bekommt man Wachstücher und
die durchsichtige Tischdeckenfolie.

Kunterbunt-Design
www.kunterbuntdesign.de
info@kunterbuntdesign.de
Hier kann man online meine und
andere tolle Figürchen als Stickdatei
oder als fertig gestickte Aufnäher
erwerben, ebenso Schnappverschlüsse,
Plane, Gurtband oder die Metallbügel.

Marimekko
www.marimekko.com
frankfurt@marimekko.de
Oeder Weg 29
60318 Frankfurt am Main
Großartige Stoffe, Wachstücher
und Accessoires im finnischen
Design.

Modulor
www.modulor.de
info@modulor.de
Gneisenaustr. 43
10961 Berlin

Hier gibt es alles, was das Grafik-
und Werkelherz begehrt, z. B. tolle
Papierchen, Papierklammern, Stifte
oder Kapafix und Klett-Velours.

Nähpark
www.naehpark.com
shop@naehpark.com
Rodinger Str. 15
93413 Cham
Super Laden für alles rund ums
Nähen. Hier gibt es Maschinen,
Garne, tolle Scheren, Nadeln und
das selbstklebende Stickvlies.

Patchworkshop
www.patchworkshop.de
mail@patchworkshop.de
Hauptstr. 7a
85649 Otterloh
In diesem feinen Online-Shop gibt es
z. B. das tolle Baumwollstöffchen zum
Bedrucken für die Applikationen mit
dem Ink-Jet-Drucker in A4-Format.

Quilt Et Textilkunst
www.quiltundtextilkunst.de
info@quiltundtextilkunst.de
Sebastiansplatz 4
80331 München
Sehr gut sortierter Shop mit ameri-
kanischen Stoffen u. v. m. Hier gibt
es auch bedruckbaren Baumwollstoff.

Dank

Ein dickes Dankeschön an meinen Mo' für die Unterstützung und die Geduld, an Mama, meine Kreativlehrerin No.1, an Annett, Anja & Vroni für die liebe Projektbetreuung und -umsetzung, Sabine, Janina & Sonni für die tolle Zusammenarbeit, und dem Meisenclub fürs Probenähen und die mentale Aufbauarbeit. Ohne Euch wäre das Buch nicht so schön geworden.

IMPRESSUM

Wichtiger Hinweis

Bibliografische Information der Deutschen Nationalbibliothek

Die Deutsche Nationalbibliothek verzeichnet diese Publikation in der Deutschen Nationalbibliografie; detaillierte bibliografische Daten sind im Internet über http://dnb.d-nb.de abrufbar.
© 2010 Droemersche Verlagsanstalt
Th. Knaur Nachf. GmbH & Co. KG, München
Alle Rechte vorbehalten.

Bildnachweis

Umschlaglayout, Layout, Fotos und Illustrationen:
Anja Brinkmann

Verwendung und Abbildung der Stoffe auf dem Cover und im Innenteil mit freundlicher Genehmigung von Daimer Filze, Marimekko, Kokka und Michael Miller Fabrics.

Projektleitung: New Ground Publishing GmbH, Anja Fuhrmann
Herstellung und Satz: Veronika Preisler
Umschlaggestaltung: griesbeckdesign, München

Druck und Bindung:
Offizin Andersen Nexö Leipzig GmbH, Zwenkau

Printed in Germany

ISBN 978-3-426-64702-8

5 4 3

Bitte besuchen Sie uns auch im Internet unter der Adresse:
www.knaur-kreativ.de
und auf: www.StichundStrich.de